CRISTINA PERI ROSSI

DIE ZIGARETTE

LEBEN MIT EINER
VERFÜHRERISCHEN GELIEBTEN

AUS DEM SPANISCHEN
VON SABINE GIERSBERG

BERENBERG

GRAND PALACE CAFÉ 7

RAUCH 23

SCHNIPP SCHNAPP 37

ANYBODY GOT A MATCH? 56

LEBEN, UM ZU RAUCHEN 72

GEWOHNHEIT,
LASTER ODER SUCHT 87

HIN UND HER 93

ERSTE LIEBE 108

THE LONG GOODBYE 124

DIE KUNST DES VERLUSTS 147

NOCH EINMAL:
GRAND PALACE CAFÉ 162

GRAND PALACE CAFÉ

Es war 1951, als ich zum ersten Mal eine Frau rauchen sah. Ich weiß nicht, was für entscheidende Dinge sich in diesem Jahr in der Welt sonst noch zutrugen, aber für dieses zehnjährige Mädchen, das in Montevideo geboren wurde, einer europäischen Stadt, die durch eine unerklärliche geographische Verschiebung in Südamerika lag, war das eine unvergeßliche Erfahrung, etwas, an das man sein Leben lang zurückdenkt.

Es war ein strahlender früher Herbstabend, und ich wartete mit meiner Mutter an einer Straßenecke im Zentrum, 18 de Julio und Ejido, auf den Bus. Schräg gegenüber erhob sich, wie in den faszinierenden Bildern von Richard Estes, dem amerikanischen Hyperrealisten, der obsessiv die 42. Straße von New York malt, eine riesige Café-Bar mit Glaswänden: das »Grand Palace«. Als ich zwanzig Jahre später in die Stadt der Wolkenkratzer reiste, begriff ich, wie sehr das »Grand Palace« einigen Bars und Cafés von Manhattan nachempfunden war; genau wie Montevideo ist auch New York eine zutiefst europäische Stadt. Und dort hinter den Glaswänden saß an einem Marmortisch eine mit einer Hose bekleidete Frau von etwa dreißig Jahren, die Kaffee trank und rauchte. Die übrigen Gäste des »Grand Palace« waren Männer: Angestellte aus Büros oder Geschäften in blauen oder grauen Anzügen, Rechtsanwälte mit schwarzen Aktentaschen, Gedichte lesende Literaturprofessoren und die einsamen Wölfe der Nacht, die Männer, die bei Sonnenuntergang Bier oder Whisky trinken und erwartungsvoll auf die Drehtür starren, ob das Glück ihnen vielleicht das erträumte Abenteuer schickt, was natürlich nie passierte, denn 1951 gingen die anständigen Frauen nicht allein in Cafés, sie rauchten nicht, und sie trugen auch keine Hosen, wenn sie einen Anschein von Ehrbarkeit aufrechterhalten wollten. Die Männer rauchten, bei ihnen war das normal, die Frauen hingegen rauchten nicht. Die Männer trugen Jackett und Hose, die Frauen einen Rock oder ein Kleid. Die Männer hatten kurze, die Frauen lange Haare.

Ich sah die Frau da allein sitzen und rauchen. Es war das erste Mal, daß ich eine Frau rauchen sah, das schwöre ich, und ich sagte zu mir: »Ich werde diese Frau sein, die allein an einem Tisch sitzt und raucht, während sie die hereinbrechende Dunkelheit betrachtet, den Verkehr auf der Straße, und von anderen Landschaften träumt, von künftigen leidenschaftlichen Begegnungen.« Niemand soll sich darüber wundern, daß ich so fest entschlossen war: Die Offenbarungen der Kindheit haben einen großen Einfluß auf die Zukunft, denn es sind sehr starke Wünsche. (Bei Freud steht: »Glück ist immer die Erfüllung eines kindlichen Wunsches.«)

Ich wußte damals nicht, daß, während ich mir sagte »Ich werde diese Frau sein, die allein an einem Tisch sitzt und raucht«, ein uruguayischer Schriftsteller, der den größten Teil seines Lebens in Buenos Aires verbracht hat (Stadt des Tango, der Kneipen und der Zigaretten), in einem kurzen existentialistischen Roman geschrieben hatte: »Ich bin ein einsamer

Mann, der an einem beliebigen Ort der Stadt raucht« – der 1939 erschienene Roman hieß »Der Schacht«, und der Schriftsteller war Juan Carlos Onetti. Die Zigarette war die nie fehlende, nicht wegzudenkende Begleiterin des unabhängigen, einsamen Mannes, der sein Leben im Griff hat oder, um es in Freudschen Termini zu sagen: Die Zigarette war die narzißtische Verlängerung des Mannes, wie andere männliche Symbole: das Auto, das Motorrad, die Obelisken, das Flugzeug, die Bomben, die Krawatte, der Revolver oder die Pistole.

Ich zeigte meiner Mutter die Szene: die Frau, die allein an dem Marmortisch des »Grand Palace« saß und rauchte, und sagte: »Ich will wie sie sein.« Was symbolisierte sie für mich? Sicherlich die traditionell männlichen Attribute, die ich gerade aufgezählt habe: Freiheit, Unabhängigkeit, Selbstgenügsamkeit, Abenteuer, Freude am Alleinsein und Autonomie. Das war etwas, was die Frauen damals nicht hatten, denn sie gingen nicht allein in Bars, trugen keine Hosen, rauchten nicht, und sie waren auch nicht frei und unabhängig, zumindest die Frauen, die ich kannte (die aus meiner Familie und meiner gesellschaftlichen Schicht). Nicht einmal, wenn sie arbeiteten, und in Uruguay hatten sie schon Anfang des 20. Jahrhunderts dank einer fürsorglichen Politik Zutritt zur Arbeitswelt und den Universitäten; es war eine Art Sozialismus liberaler Prägung, der eine Reihe von diskriminierenden Gesetzen zugunsten der Frau schuf (so konnte beispielsweise eine Frau, die ein Kind bekommen hatte, schon nach nur einem Jahr Arbeit in den Ruhestand gehen).

Meine Mutter erklärte mir, rauchen sei ein Laster, den Männern vorbehalten, aber das war mir mehr als bekannt: In meiner Familie rauchten nur die Männer, angefangen von meinem

Vater, der ein Päckchen *Unión* täglich inhalierte, eine blonde Zigarette aus nationaler Herstellung. Ich dachte lange über diese Antwort nach. Die Laster waren ausschließlich den Männer vorbehalten: Die Männer tranken und betranken sich, sie rauchten, benutzten Schimpfworte, spielten (in Montevideo waren Pferderennen sehr populär, und man konnte an jeder Straßenecke wetten), sie reisten allein und besuchten Bordelle; sie hatten Geliebte und einige, die kühnsten, sahen sich erotische Filme in dem als X klassifizierten Saal an, dem kleinen, versteckten Kino mit Namen »Hindu«, das man in blühender Phantasie über die vermeintliche Wollust des Orients so genannt hatte. In Uruguay gab es nie eine Filmzensur, es steht in dem Ruf, eines der Länder mit der größten Leidenschaft für die siebte Kunst zu sein. In dem damals berühmten Festival von Punta del Este erntete ein in Europa noch unbekannter Filmemacher seine ersten Erfolge bei Kritik und Publikum: Ingmar Bergman. Und die Bewohner von Buenos Aires (wo es sehr wohl eine Filmzensur gab), die *Porteños*, pflegten die *Pfütze* – ein Euphemismus für den Río de la Plata – zu überqueren, um sich die in ihrem Land verbotenen Filme anzusehen. Unter anderem die von Armando Bo geschriebene und gedrehte Porno-Kitsch-Serie, die eine naive und üppige Isabelita Sarli zu einem wesentlich freizügigeren Sex-Symbol machte als Marilyn Monroe. (Zu kulturellen Ikonen für die Liebhaber des Kitschfilms geworden, wurde einer dieser Filme des Duos Armando Bo–Isabelita Sarli – im wirklichen Leben Mann und Frau – erst viel später, 1990, in Spanien in dubiosen Spezialkinos gezeigt, aber außerhalb ihrer Zeit und ihres Kontextes weckten sie nur das Interesse einiger wahrhaft leidenschaftlicher Filmfans.)

Und so war, wie fast alle interessanten Dinge des Lebens (auf Bäume klettern, Fußball spielen, lesen, schreiben, Symphonieorchester dirigieren, Flugzeuge fliegen, Auto fahren, endlose Truco-Partien spielen – Truco war das populärste Kartenspiel am Río de la Plata –, Bier oder Whisky trinken, Präsident der Republik werden oder einen Sitz in der Abgeordnetenkammer oder im Senat bekommen, Marine-Admiral oder Schiffskapitän werden), auch das Rauchen eine ausschließlich männliche Aktivität, beziehungsweise ein männliches Laster. Ich fragte mich, ob es auch weibliche Laster gab, natürlich nicht laut, ich hatte mit zehn schon gelernt, daß Erziehung darin bestand, die Erwachsenen nie nach den Dingen zu fragen, die wir wissen wollten, denn das waren meistens Geheimnisse und Tabus. Wahre Erziehung bestand darin, Impulse und spontane Wünsche zu unterdrücken. Ich ging im Geiste das Leben meiner Mutter durch – sie war Lehrerin und brachte den Kindern meines Alters Lesen und Schreiben bei und keine unpassenden Fragen zu stellen, zum Glück waren die Schulen in Uruguay gemischt – und das meiner Tanten, meiner anderen weiblichen Verwandten, meiner Nachbarinnen, und ich kam zu dem Schluß, daß es keine weiblichen Laster gab, außer, man hält die Neigung, vorzugsweise selbsthergestellte Süßigkeiten und Kuchen zu verzehren, für ein Laster. Oder das begeisterte Betrachten der feinen, zarten Federzeichnungen des Katalogs von London-Paris, eines luxuriösen Schaufensters im Stile von »Harrod's« oder »Bloomingdale's«, wo man alles mögliche kaufen konnte, angefangen von einer Nähnadel aus deutschem Stahl bis zu einer Matratze aus original uruguayischer Wolle, die allerdings, dank jener leidigen Handelsverträge, die immer das Imperium gegenüber der

Kolonie begünstigen, von englischen Arbeitern hergestellt worden war.

Die Laster schienen also sämtlich zur männlichen Welt zu gehören. Sie waren unzugänglich, aber dadurch besaßen sie den geheimen Charme des Verbotenen. (Damals kannte ich ein Gesetz der Psychologie noch nicht: Das Verbot verstärkt das Verlangen. Ich konnte es nicht kennen, denn das Bewußtsein kommt nach der Existenz – wie Jean-Paul Sartre sagt –, aber ich merkte es am eigenen Leib. Oder am fremden Rauch: dem Rauch der Zigaretten meines Vaters oder der Frau, die allein an dem Tisch im »Grand Palace« rauchte.) Das weibliche Wesen schien durch Verbote definiert zu sein: Frauen rauchten *nicht*, sie gingen *nicht* alleine aus, sie sprachen *nicht* mit Unbekannten, sie spielten *nicht* Roulette oder Blackjack in den Kasinos, sie tranken *nicht*, sie sahen sich *keine* erotischen Filme an, sie reisten *nicht*, außer in Begleitung ihrer Ehemänner, sie fuhren *nicht* Motorrad, sie wurden *nicht* Soldat, sie hatten *keine* wichtigen Regierungsposten, sie spielten *nicht* Fußball, sie veröffentlichten *keine* Bücher (von einigen Ausnahmen abgesehen), und wenn sie es taten, brachten sie sich um. In der Bibliothek meines Onkels – Frauen hatten *keine* eigene Bibliothek –, die ich begierig verschlang, fand ich nur drei Bücher von Frauen in einer Sammlung von siebenhundert Stück: Gedichte von Sappho, *Ein Zimmer für sich allein* von Virginia Woolf, und die Gedichte von Alfonsina Storni. Alle drei hatten sich den biographischen Angaben in den Klappentexten zufolge umgebracht. Was meinen Onkel, als er davon erfuhr, daß ich Schriftstellerin werden wollte, zu dem Ausruf veranlaßte: »Frauen schreiben nicht, und wenn sie es tun, bringen sie sich um.« Ich hielt das für eine übertriebene Schlußfolgerung meines frauenfeindlichen Onkels, aber bedauerlicherweise zeigen die Statistiken, daß der Anteil an Selbstmorden bei Schriftstellerinnen wesentlich höher liegt als bei Schriftstellern.

Seit jenem strahlenden Abend gegenüber vom »Grand Palace« hatte ich mir insgeheim fest vorgenommen zu rauchen. Damals wußte ich noch nicht, daß ich eines Tages – aufgrund historischer, sozialer und kultureller Prozesse, die einen Großteil der Wünsche des Individuums bestimmen – zu einer Generation von Frauen gehören sollte, die sich über alle Tabus hinwegsetzten, die für die Gleichheit in der Differenz kämpften, die an den großen politischen Bewegungen in der zweiten Hälfte des 20. Jahrhunderts teilhatten und die die einzige Revolution machen würden, bei der es kein Zurück gab: die des Feminismus, der Entdeckung des eigenen Körpers, des Übergangs von Objekten zu Subjekten des Begehrens und des Kampfs für die Freiheit.

An jenem strahlenden Nachmittag gegenüber vom »Grand Palace« wurde mir klar, daß ich Laster haben wollte. (Dreißig Jahre später sollten die Feministinnen einen wunderbaren Slogan ausrufen: »Gute Mädchen kommen in den Himmel, böse überall hin.«) Warum konnten die Männer den Lastern frönen und die Frauen nicht? Ich stand mit dieser Frage und meinem Vorhaben nicht allein da, auch wenn ich das damals noch nicht wußte. Eine ganze Generation von Frauen, die Gleichstellung mit den Männern forderten, die Teilung der Macht, die freie Nutznießung ihres Körpers, ihrer Arbeit und ihrer Zeit, die Pille zur Verhütung, das Recht auf Abtreibung, Scheidung, gleichen Lohn, »gab sich dem Laster des Rauchens hin«, wie meine Großmutter sagen würde, die natürlich nicht rauchte, und wir würden hartnäckig, leidenschaftlich rauchen, alles, was wir kriegen konnten, amerikanische, kubanische, importierte oder im Land hergestellte Zigaretten, wir würden Tag und Nacht, im Sommer wie im Winter, in jeder Lebenslage rauchen, während wir in der Vorlesung in Geschichte der Politik mitschrieben, in der Küche, in den Gefängnissen und im Bett, vor und nach dem Liebesakt, bei den Gewerkschaftsversammlungen und wenn wir selbst Vorlesungen hielten; wir würden im Parlament und in den geheimen Wohnungen rauchen, in denen wir gegen die Diktaturen konspirierten, in den Wartezimmern der Krankenhäuser und in den Diskotheken, wir würden allein und in Gesellschaft rauchen, in den Toiletten der Geschäfte und am Ausgang des Kinos, mit unseren Ehemännern oder Liebhabern, mit unseren Freundinnen oder unseren Kindern, am Strand, im Theater, während wir Pamphlete verteilten, demonstrierten oder Gedichte und Romane schrieben.

Denn rauchen war damals für die Frauen meiner Generation, ob in Europa oder Lateinamerika, den Vereinigten Staaten oder Australien, mehr als nur ein Laster, es war eine Lebensform. Rocco Alesina schreibt in seinem Prolog zu einem kurzen, köstlichen Text des Schriftstellers Italo Svevo, *Del piacere e del vizio di fumare* (Die Kunst, sich das Rauchen nicht abzugewöhnen): »Rauchen ist, was für ein Paradox, weniger ein Laster oder ein Vergnügen als vielmehr eine Konstante des Lebens. Der Rauch tötet nicht, er begleitet bis zum Tod. Er ist die Ergänzung zu allen Vergnügungen des Lebens, das einzige Laster, dem wir zu jeder Tageszeit frönen können.«

Italo Svevo, der in seinem Geburtsland Italien spät und dank der Bewunderung und Bemühungen eines seiner wenigen Leser, James Joyce, bekannt wurde, der in Paris seinen Roman

Zeno Cosini herumreichte, führte einen intensiven Kampf gegen das Rauchen, seine Haßliebe zum Tabak durchzieht den Roman ebenso wie die Briefe an seine Frau und seine Zeitungsartikel. Er hat sein ganzes Leben geraucht, er starb mit siebenundsechzig Jahren (bis dahin war er völlig gesund) an einem Autounfall. »Autos sind tödlicher als Tabak«, so lautet die ironische Schlußfolgerung von Rocco Alesina.

Ich kannte Svevos Artikel nicht, als ich 1994 nach vierzig Jahren das Rauchen aufgeben mußte. In der langen, beklemmenden, deprimierenden und einsamen Zeit, in der ich darum kämpfte, mich von der Zigarette zu *trennen*, sie zu *verlassen*, schrieb ich ein paar Überlegungen, Notizen und Gedichte nieder. Eine dieser Notizen lautet: »Rauchen ist kein Laster. Es ist eine Art zu leben, zu denken und zu fühlen. Es ist eine Weltanschauung, eine Kosmogonie. Die rauchende Frau denkt nicht so wie die nicht rauchende, sie empfindet nicht auf die gleiche Weise, sie hat nicht dieselben Wertmaßstäbe. Rauchen ist eine *Bindung*, die einzige Bindung, die nur ich lösen kann – die Zigarette kann sich nicht von mir trennen oder mich verlassen. Die Zigarette, die ich rauche, gehört, solange ich sie rauche, mir: sie dringt durch den Rauch in mich ein, sie paßt sich mir an, sie wird Teil meiner Verdauung, meines Kreislaufs, meines Blutflusses, meiner Herzschläge, der Bronchien und der Funktion meiner Neuronen; das Nikotin überschwemmt meinen Urin, ich nehme es in mich auf, wie das sonst nur bei einer Schwangerschaft geschieht.« Vielleicht können manche Raucherinnen in den neun Monaten aufhören, weil man während der Schwangerschaft so *erfüllt*, so *vollkommen* ist. Sie müssen sich nicht mehr füllen, sich durch den Phallus der Zigarette und die Rauchspiralen vervollständigen: Sie tragen den Embryo in sich.

Der Fötus ist der Phallus – Sigmund Freud, passionierter Raucher –, genauso wie die Zigarette der Phallus zwischen unseren Lippen ist, wenn wir nicht schwanger sind.

Bevor ich fortfahre, möchte ich dieses Fragment der Aufzeichnungen aus meinem Guerillakrieg gegen die Zigarette analysieren. Für die Neugierigen unter den Lesern möchte ich erwähnen, daß ich es nach zahlreichen Fehlschlägen, Niederlagen, Rückzügen und Rückfällen nach einem Jahr Kampf geschafft habe, mit dem Rauchen aufzuhören. Für mich ist das kein Triumph, sondern ein Verlust. Das Leben mit dem Rauch gefiel mir besser, auch wenn ich jetzt besser Treppen steigen kann und leichter atme; ich huste nicht mehr, spucke keinen Schleim, mein Bluthochdruck hat nachgelassen, und die Ischämie ist verschwunden. Aber ich fühle mich viel einsamer. In manchen Momenten der Beklemmung oder der Freude greife ich noch instinktiv nach der Schachtel, um meinen Schmerz oder mein Glück mit der Zigarette zu teilen. Seit ich aufgehört habe, geht es mir gesundheitlich besser, ja, aber *mir fehlt etwas*. Etwas, das mich vierzig Jahre lang immer begleitet hat, immer da war; etwas, das ganz allein mir gehörte, auch wenn ich manchmal, als Zeichen von Komplizenschaft, Liebe oder als Einladung, bereit war, es zu teilen.

Die Worte, die ich in meiner Notiz mit Bedacht gewählt habe, verraten viel: *mich* von der Zigarette *trennen*, sie *verlassen*. In vieler Hinsicht ist die Beziehung des Rauchers oder der Raucherin zur Zigarette eine Liebesbeziehung. Nicht nur wegen der Ambivalenz Liebe – Haß (jeder Raucher, ob Mann, ob Frau, nimmt sich irgendwann in seinem Leben vor, mit dem Rauchen aufzuhören, das Laster auszulöschen, die Sucht zu überwinden, ganz gleich ob sie dieses Vorhaben tatsächlich umsetzen oder es nur versuchen), die Italo Svevo in seinem Roman aus dem Jahre 1923 so gut beschreibt, diesem Roman, der noch heute durch seine psychologische Subtilität zu erstaunen vermag (geprägt von der Psychoanalyse, die den Autor sehr faszinierte, und die bis heute die einzige Theorie über das Begehren ist), sondern durch die Abhängigkeit. Die subjektive Symbolik des Rauchens und der Zigarette ist vielfältig und muß nicht bei allen gleich sein, aber der gemeinsame Nenner ist die Abhängigkeit, wie bei leidenschaftlichen Liebesbeziehungen. »Ich kann ohne dich nicht leben«, sagen der verliebte Mann oder die verliebte Frau, und in der Tat ist das Leben ohne die geliebte Person unerträglich, leer, einsam, traurig, sinnlos. Sogar die Betrachtung des Schönen steigert den Schmerz, wenn sie *getrennt* erfolgt. Denn die Liebesbeziehung verdoppelt die Freuden und verteilt das Leid auf zwei. Es ist möglich, daß der Raucher oder die Raucherin niemals über die Zigarette sagt »Ich kann ohne dich nicht leben«, aber sie empfinden und denken so. Wenn sie es nicht ausdrücklich sagen, dann, weil das Ich – dieser schonungslose Richter – sie wegen dieses Gefühls Scham empfinden läßt. Aber am ersten Tag ohne Zigarette sind alle bereit, leise einzugestehen, daß sie ohne nicht leben können. Nur Maulhelden blasen sich auf und sagen, ohne daß sie jemand gefragt hätte: »Ich kann jeden Tag aufhören«, als wäre es ein Zeitvertreib, eine Art Beschäftigung für die Hände.

In jeder Liebesbeziehung gibt es einen Moment, in dem wir darüber nachdenken, den anderen oder die andere zu verlassen, wie bei der Zigarette, aber es gibt einen großen Unterschied; die Zigarette ist ein Gegenstand, sie hat keinen eigenen Willen, keine eigenen Wünsche, wir können sie verlassen, aber sie hat umgekehrt diese Freiheit nicht. Sie ist unser Sklave, so wie wir es uns von der leidenschaftlich geliebten Person wünschen. Die Zigarette unterwirft sich unserem Begehren, unserem Zeitplan, unseren Gemütszuständen: Sie ist da und begleitet uns, als wäre sie eine Verlängerung unseres innersten Ich. Deswegen ist die *Trennung* von der Zigarette oft ebenso schmerzlich und traumatisch wie bei einer Liebesbeziehung. »Nie mehr«, sagt wehmütig und melancholisch der Raucher, der kurz davor ist, diesen Status aufzugeben; »Nie mehr«, sagt der Geliebte, überzeugt, daß er seine Geliebte verlassen muß, aber mit dem Gefühl von Ende, von Verlust, von Scheitern.

Sich von der Zigarette trennen, sie verlassen: sich aufraffen, in der Einsamkeit zu leben, ohne die Kippe, ohne die Gesellschaft dieser schweigenden Zeugin unseres Lebens. Wie oft haben wir in einem unerträglichen Meeting, auf einer langweiligen Cocktail-Party oder bei einem uninteressanten Gespräch eine Zigarette angezündet? – und nur sie kannte unseren wahren Gemütszustand, unsere Gefühle. Dadurch, daß sie zu einer Verlängerung unserer selbst wird (rauchen ist wie an der Mutterbrust saugen, die Zigarette ist die Brustwarze, es wird schon seinen Grund haben, daß wir für den Zug an der Brust und an der Zigarette *dar una chupada* sagen), wird die Zigarette vom Raucher als Appendix wahrgenommen, empfunden, und wenn er aufhören muß, erlebt er dies als Verlust eines Körperteils, eines Teils seiner Identität; er wird dann vielleicht gesünder, bleibt aber amputiert.

Ich erinnere mich, daß ich, während ich versuchte mit dem Rauchen aufzuhören, nicht etwa die meiste Angst vor dem heutigen Verzicht hatte, sondern vor dem morgigen. Das heißt, ich hatte Angst vor einer Zukunft ohne Zigaretten, wie der Mann oder die Frau Angst hat, die sich von dem Menschen trennen, den sie geliebt haben, auch wenn die Beziehung verfahren ist. Solange Lust da ist, ist auch Begehren da. Wir hören nicht mit dem Rauchen auf, weil die Lust vorbei ist, sondern weil man uns überzeugt hat oder wir selbst eingesehen haben, daß es sich um eine schädliche Lust handelt. (Erinnern Sie sich an den alten Spruch, der in verschiedenen Sprachen um die Welt ging: »Alles, was mir Spaß macht, ist teuer, macht dick oder ist unmoralisch.« Die Zigarette eingeschlossen.) Ich konnte bis zu einem gewissen Punkt ein paar Stunden nicht rauchen, sogar einen ganzen Tag, solange mir die Hoffnung blieb, am nächsten Tag weiterrauchen zu können. Aber mir mein künftiges Leben ohne Zigarette vorzustellen erschien mir vollkommen unerträglich. In den Ratgebern für Trennungen in Liebesbeziehungen steht bei all ihrer Schlichtheit manchmal doch die eine oder andere grundlegende Wahrheit. In einem las ich kürzlich: »Sagen Sie nie, daß Sie ohne ihn oder sie nicht leben können.« Man geht davon aus, daß es sich um ein vorübergehendes Gefühl oder Einbildung handelt, aber wer hat im Augenblick größten Schmerzes nicht gedacht: »Ich kann ohne ihn, ohne sie, nicht leben?« Und im Gegensatz zu dem, was der Ratgeber behauptet, gibt es im Reich der Tiere wie in dem der Menschen Fälle, in denen das stimmt. Wenn ein männliches Känguruh sein Weibchen verliert, bringt es sich um, indem es sich in eine Schlucht stürzt oder nichts mehr ißt; und einige Menschen erkranken durch den Verlust des Menschen (ob durch Tod oder Trennung) an Melancholie und sterben an gebrochenem Herzen. So ist es nicht verwunderlich, daß einige Raucher an dem Laster, der Gewohnheit oder der Sucht festhalten, trotz der Ratschläge der Ärzte, des gesunden Menschenverstandes oder des Überlebensinstinkts. (Der Überlebensinstinkt gehört zu den umstrittensten: Freud, der den Lustinstinkt entdeckte, erkannte in seinen letzten Aufsätzen die Existenz eines Todesinstinktes an, den er mit der Kultur in Verbindung brachte. Die zivilisierten Völker und Menschen neigen dadurch, daß sie sich am weitesten vom Überlebensinstinkt entfernt haben, eher dazu, dem Todesimpuls zu folgen.)

Es ist jetzt fast sechs Jahre her, daß ich aufgehört habe, Rauch zu inhalieren. Und doch habe ich oft das Verlangen, es wieder zu tun. Vor allem im Traum. Als ich neulich einen Karton mit alten Fotografien durchsah, stellte ich fest, daß es ab meinem siebzehnten Lebensjahr kein einziges Foto von mir gibt, auf dem ich nicht mit einer Zigarette zwischen den Lippen oder in der Hand zu sehen bin, mal angezündet, mal nicht. Ich habe vierzig Jahre lang geraucht. Die Zigarette war meine dauerhafteste Geliebte, keine Liebe hat vierzig Jahre lang gehalten.

Als Ex-Raucherin verdamme ich das Laster nicht. Gestern rief ich den Aufzug in dem Haus, wo ich wohne, weil ich ausgehen wollte. Es waren Leute darin: ein älteres Ehepaar und ihre Tochter, ein zwanzigjähriges Mädchen. Alle drei rauchten. Mit diesem Schuldgefühl, das Rauchern mittlerweile eigen ist, schauten sie mich ein wenig erschrocken an und sagten, wenn mich der Rauch störte, würden sie die Zigaretten sofort ausmachen (es ist verboten, in den Aufzügen zu rauchen). Mit großer Geste antwortete ich, sie könnten ruhig weiterrauchen, und fügte hinzu: »Ich mußte mich zwischen der Zigarette und dem Leben entscheiden, aber oft denke ich, ich habe einen Fehler gemacht.« Ich bin keine Abtrünnige, und ich bin auch nicht zum neuen Glauben des gesunden Lebens, ohne Rauch, ohne Zigarette, konvertiert. Ich mag es, wenn meine Freunde rauchen, manchmal dringt der Rauch tief in meine Nasenhöhlen, und dann kann ich mich an das intensive Lustgefühl erinnern, das mir das Rauchen schenkte. Ich halte niemanden zurück; solange sie können, sollen sie rauchen. Es wird, wie bei allem, der Tag kommen, an dem der Arzt ihnen sagt, sie sollen aufhören zu rauchen oder zu trinken oder zu vögeln oder zu essen oder zu arbeiten oder zu spielen – anstelle einer Heilmethode arbeitet die Medizin mit Verboten. Der wahre Fortschritt in der Medizin wäre, wenn die Leute rauchen könnten, ohne Krebs, ein Emphysem oder Bronchitis zu bekommen. Aber auch so: Das Rauchen aufzugeben, befreit uns nicht von diesen Gefahren, es nimmt uns nur das Schuldgefühl.

Von Anfang an, also seit der Bibel, wird Krankheit mit Schuld assoziiert. Die Gesundheit wurde von den Juden früher als Segen Gottes betrachtet, der nur denen zuteil wurde, die ihn unterwürfig liebten und all seine Gebote befolgten. Als er Hiobs Geduld auf die Probe stellen will, schickt Jehowa ihm unter anderen Leiden (dem Verlust der Ernte, dem Tod seiner Tiere) die Krankheit, damit seine Nachbarn denken, er sei im verborgenen ein Sünder, er hätte eine Schandtat begangen, die nicht gebeichtet werden kann. Dieses alte Vorurteil ist in unseren zeitgenössischen Gesellschaften weit verbreitet, und wenn wir zum Arzt gehen, fragt dieser uns streng und vorwurfsvoll nach unseren Gewohnheiten, um aufzudecken, wer oder was *schuld* an unserem schlechten Befinden oder unserer Krankheit hat. Auf diese Weise befreit sich der Arzt von der Angst – auch er ist ein Mensch, die Krankheit des Patienten ist das Gespenst seiner eigenen Verwundbarkeit, seiner eigenen Zerbrechlichkeit – und von der Verantwortung, und ohne es zu merken, stellt er eine Ursache-Wirkung-Beziehung her, die den Zufall, die Rätselhaftigkeit des Lebens auslöscht. Sind die *Schuld* und der *Schuldige* erst ausgemacht (der Zucker, das Cholesterin, zuwenig Sport, zuviel Sport, die Zigarette, die Angst, zuviel oder zuwenig Schlaf, zuviel oder zuwenig Essen), wird der Kranke zu seinem eigenen Opfer: Er hat sich selbst krank gemacht. Die Botschaft, die er vom Arzt oder von den Medien bekommt, ist, daß er durch mangelnde Vorsicht, seine schlechten Gewohnheiten oder durch seine *Laster* krank wurde. Das letzte Mal, als ich eine Bronchitis hatte – ich habe sie seit Kindesbeinen, als ich noch nicht rauchte –, sagte der Arzt ins Blaue hinein: »Hören Sie mit dem Rauchen auf, Sie bringen sich um.« Ich antwortete ihm bester Laune: »Ich habe auf Ihren Rat hin schon vor fünf Jahren aufgehört.« Er war einen Moment lang verblüfft, aber weil ein Arzt immer das letzte Wort haben muß – ich kenne keine Ausnahme –, sagte er: »Ich dachte, Sie hätten wieder angefangen. Fast alle Raucher werden rückfällig.«

RAUCH

Die europäischen Frauen aus der Oberschicht rauchten, seit der französische Botschafter in Portugal, Jean Nicot (von ihm kommt das Wort *Nikotin* für einen der wesentlichen Bestandteile der Zigarette, aber nicht den einzigen. Letzte Studien haben gezeigt, daß eine Zigarette etwa viertausend Substanzen enthält, einige davon hochtoxisch und suchtauslösend, wie der Ammoniak), die Zigarette am Hof einer grausamen Herrscherin eingeführt hatte: Katharina Medici.

Ein Historiograph des Tabaks sagt, die Bauchbinden der Zigarren (die sie umgebenden verschieden bedruckten Ringe) seien nicht als amüsanter Zierat entstanden oder zur Unterscheidung der einzelnen Marken, sondern weil die Frauen der spanischen Aristokratie Zigarren rauchen wollten, ohne sich am Tabak die Finger schmutzig zu machen. Wie auch immer, die Bauchbinde wurde zum Wappen, zum Emblem der Zigarren und weckte die Sammelleidenschaft.

Jean Nicot war nicht nur Botschafter, sondern auch ein angesehener Linguist, und er schickte Katharina Medici ein paar Samen von dem, was er *tabac de L'Amerique* nannte, damit die Pflanzen als Medizin zum Gurgeln und als Blutverdünner angebaut wurden. In dem Buch von Guillermo Cabrera Infante mit dem Titel »Rauchzeichen«, in dem der Autor alles erzählt, was es über das Zigarrenrauchen zu erzählen gibt, und ein wenig mehr, ist nachzulesen, daß Jean Nicot den Tabak für Inhalationen und als Zahnreinigungsmittel empfahl. (Er nannte ihn »die heilige Pflanze«.) Den Launen Katharinas folgend, wurde die Pflanze in Frankreich »Königinnenkraut« genannt. Aber Jean Nicots bedeutendster Einfluß war linguistischer Natur, denn er gab dem Tabak seinen wissenschaftlichen Namen: *Nicotiana tabacum*, und ebenso dem Nikotin, dem Alkaloid, das die Neuronen stimuliert und eine euphorisierende Wirkung auf das Nervensystem hat, so daß der Raucher bei der Entwöhnung das Nikotinmangelsyndrom bekommt, was sich in Kopfschmerzen, Benommenheit, Nervosität, Angstzuständen, depressiven Verstimmungen, Schlaflosigkeit und gesteigertem Appetit äußert. Cabrera Infante erwähnt in seinem Buch, daß zu Ehren von Jean Nicot 1961 die Bruderschaft mit Namen *Académie de fumeurs et d'amis du tabac*, eine Akademie von achthundert Tabakfreunden, gegründet wurde.

In England wurde der Tabak durch Sir Walter Raleigh eingeführt, einen berühmten Abenteurer, der am Galgen endete – natürlich nicht, weil er rauchte. Er war ein intimer Freund (ich meine damit Gefährte und Liebhaber) des exzellenten Dramatikers Christopher Marlowe, und es heißt, er habe den Tabak aus Virginia mitgebracht, das seit jeher für seine Tabakpflanzungen berühmt ist, aber wieder andere behaupten, er habe ihn aus Südamerika importiert. Guillermo Cabrera Infante, der Spaß an all den Klatschgeschichten hat, die fast jeder kennt, und den Leser daran teilhaben läßt, schreibt, daß Marlowe der erste war, der während eines – von ihm geschriebenen – Theaterstücks rauchte, und den besten Slogan für Tabak in England prägte: »*All that love not tobacco and boys are fools*« (»Alle, die keinen Tabak und keine Jungs mögen, sind Idioten«).

Aber die wahren Entdecker des Tabaks waren die Spanier, obwohl strenggenommen der Tabak bereits von Ureinwohnern der Karibik und Südamerikas entdeckt und in Unmengen inhaliert worden war. Aber wenn die Europäer von »Entdekkung« sprechen, dann tun sie das aus ihrer eurozentristischen Sicht: Sie behaupten, sie hätten Amerika 1492 entdeckt, wo es sich doch in Wirklichkeit für die indianische Urbevölkerung keineswegs um eine Entdeckung handelte, sie lebten ja schon seit vielen Jahrhunderten dort. (Ich habe nie jemanden sagen hören, die amerikanischen Ureinwohner hätten 1492 die Spanier entdeckt.)

Alles begann mit einer der vielen Reisen des Christoph Kolumbus, in deren Verlauf er an Bord der Santa María zufällig Amerika entdeckte. Als er erst einmal einen Fuß auf das Land gesetzt hatte, das er für Indien hielt, schickte der Admiral einen seiner Seeleute, Rodrigo de Jerez, los, nicht nur, um es zu erforschen, sondern er sollte mit Gold beladen zurückkehren, denn das war das eigentliche Ziel dieser Reisen. (In der Antike reiste man nur wegen Gold, bis die Seelenärzte oder Psychologen es auch gegen Liebesleid, Überdruß, Einsamkeit und Generationskonflikte empfahlen. Früher reisten vor allem Arme, Gefangene, Verurteilte, Verfolgte, denn die Reisen waren sehr unbequem, man war Mühsal, Stürmen, Schiffbrüchen, Überfällen, Hunger, Pestepidemien und Ratten ausgesetzt.) Rodrigo de Jerez fand kein Gold, aber er erzählte Kolumbus, er habe ein paar äußerst seltsame Wilde getroffen hatte, die durch Mund und Nase *Rauch ausstießen*, den sie durch eine Art braunes Rohr inhalierten, das an der den Lippen gegenüber liegenden Seite brannte. Sie hatten diese merkwürdige Sitte, und sie schienen sie sehr zu schätzen und zu genießen. Er sagte, sie sähen aus wie Schornsteine (von daher der abgedroschene Satz »wie ein Schlot rauchen«). Fray Bartolomé de Las Casas berichtet in seiner *Historia de las Indias*, daß die Indios immer eine Art glühenden Stengel in der Hand hätten, aus einigen trockenen Gräsern bestehend, die in ein ebenfalls trockenes Blatt gehüllt seien, und daß, während die eine Seite dieses Stengels brenne, sie an der anderen saugten und Rauch ausstießen. Die Wirkung sei einschläfernd und benebelnd und zugleich stimulierend, denn es nehme ihnen die Müdigkeit. Er verzeichnet, daß dieses Kraut unter dem Namen *tabaco* bekannt sei. Also hatte der Admiral weder den Orient noch Gold gefunden, aber dafür Medizinmänner und Häuptlinge, die Rauch durch die Nase ausstießen (rauchen war damals natürlich ein männliches Privileg, das den Ranghöchsten der indigenen Gesellschaft vorbehalten war: dem Häuptling und dem Medizinmann).

In Gonzalo Fernández de Oviedos *Historia General y Natural de las Indias* wird 1518 zum erstenmal schriftlich die Zigarette erwähnt. Er schreibt, ein spanischer Hauptmann, Juan de Grijalva, sei in Yucatán, Mexiko, offensichtlich sehr herzlich, von einem Häuptling empfangen worden, der ihm »ein an einer Seite brennendes Röhrchen anbot«. Er fügt hinzu, daß es gut gerochen und Rauch abgesondert habe. Seit diesen frühen Ursprüngen ist das Anbieten einer Zigarette ein Symbol von Herzlichkeit, Freundschaft, wohlwollender Aufnahme; erst als die Frauen anfingen zu rauchen (erst privat, dann in der Öffentlichkeit), bekam es eine neue Bedeutung: die der Verführung.

Für die spanischen Konquistadoren war jedenfalls klar, daß die barbarische Sitte, in ein trockenes Blatt eingewickelte Gräser anzuzünden und den Rauch zu inhalieren, Vergnügen bereitete.

Es steht fest, daß der Tabak eine Pflanze aus der Neuen Welt ist, die dort bereits lange vor der Ankunft von Christoph Kolumbus und den spanischen Konquistadoren angebaut wurde. Die Botaniker bestätigen, daß *Nicotiana rustica*, der Hauptbestandteil der Zigaretten, nie wildwachsend gefunden wurde, die Pflanze muß angebaut werden. Alle Tabaksorten gehören zur Spezies der *Solanaceae*, der Nachtschattengewächse, genau wie Paprika, Petunien, Tollkirsche (im Italienischen ein tödliches, im Spanischen ein todbringendes Gift, »ein Beweis für Ähnlichkeit der Sprachen«, schreibt Ambrose Bierce mit ätzendem Humor in seinem *Wörterbuch des Teufels*), die Kartoffel und die Tomate.

Fern von der Karibik, von Kuba und Mexiko, wo der Admiral die ersten Tabak rauchenden Indios vorfand, bauten die Ureinwohner Brasiliens ebenfalls die Pflanze an, drehten daraus Zigaretten und rauchten mit Genuß. Aber der illustre Seefahrer hatte für Nikotin nichts übrig, genausowenig wie für eine andere Pflanze, die er in Amerika entdeckte, den Mais, der aus vielen Gründen mit dem Tabak eng verbunden ist. Man weiß noch nicht, wie den Indios der Karibik der Anbau gelang, aber sie machten noch etwas Besseres: Sie rollten den Tabak in Maisblätter ein, und so entstand die Zigarette. In der Volkskultur ist von dieser Verbindung noch etwas erhalten. Als ich beschloß, nach meinem achtzehnten Lebensjahr die Frau zu werden, die an der Ecke 18. de Julio im »Grand Palace« rauchte – achtzehn war das magische Alter, in dem das *richtige Leben* anfing oder die Freiheit: Ich durfte jetzt kommen und gehen, wann ich wollte, und mußte meine Eltern nicht mehr um Erlaubnis fragen, ich hatte meinen eigenen Schlüssel, ich konnte wählen, arbeiten, um unabhängig zu sein, und mir ein Zimmer mieten

(Virginia Woolfs berühmtes *Zimmer für sich allein*) –, war ich zehn, und ich fing an, mit der »Hausmarke« zu experimentieren. Unter den Jungen meines Alters war das Gerücht umgegangen, daß man die Maisfasern – den Bart – in ganz feines Papier drehen und sie anzünden konnte wie richtige Zigaretten. Der Maisbart war brennbar und produzierte Rauch. Sein Geschmack war eher trocken, süßlich und seine Textur ein wenig feucht, so daß er häufiger ausging als normaler Tabak, aber diese ganz allein klammheimlich im Haus (oder im Brachland) gerauchten Zigaretten hatten zusätzlich den Geschmack des Verbotenen. Was wäre das Begehren ohne Verbote.

Der Tabak, die ursprünglich aus Amerika stammende Pflanze, die von einem Seemann der Karavelle von Christoph Kolumbus entdeckt wurde, wurde im 17. Jahrhundert auf Kuba bereits sehr häufig angebaut und brachte eine florierende, in der ganzen Welt berühmte Industrie hervor. Wir wissen historisch genau, wie das vor sich ging, dank eines Briefes, den der von den Kanarischen Inseln nach Kuba emigrierte Demetrio Pela an seine Eltern auf Teneriffa schrieb (daß *pela* zum populären Namen für die spanische Pesete wurde, ist ein herrlicher Zufall). Wie andere Kanaren hatte er sich auf Kuba mit der Absicht niedergelassen, reich zu werden, und er lernte dort einen Eingeborenen kennen, Erico Xil Panduca, der ihm das Geheimnis seines Stammes enthüllte: die Kunst, Tabak anzupflanzen. Er machte das natürlich nicht umsonst, denn dem auf 1641 datierten Brief zufolge machte Demetrio Pela den Indio für den Rest seines Lebens zu seinem Geschäftspartner.

Damals war der Tabakanbau eine harte Arbeit, die wenig einbrachte, aber beide erblickten darin die Chance ihres Lebens. Das Land, wo die Samen angepflanzt werden, heißt *vega*, und es muß am Ufer eines Flusses liegen. In der Metropole Spanien bezeichnet *vega* einfach eine Uferwiese, in Kuba hingegen wird das Wort für die Tabakpflanzung verwendet. In den Vereinigten Staaten heißt es Plantage.

Fünfzig Jahre nach dieser ersten Gesellschaftsgründung zwischen einem Kanaren und einem kubanischen Indio war die Stadt Havanna zu einer riesigen Tabakpflanzung geworden, und der Anbau von Tabak nahm den zweiten Platz in der staatlichen Produktion ein hinter dem Zuckerrohr. Hundert Jahre später, im 18. Jahrhundert, war es ein so blühendes Geschäft, daß die kubanischen *vegueros* (so nannte man die Besitzer der Tabakpflanzungen) reicher waren als die Zuckermagnaten. Sie reisten in prächtigen Kutschen, ließen große Anwesen bauen und trugen märchenhaft teure Juwelen.

Der Tabakkonsum breitete sich seit der Renaissance rasch im ganzen Westen aus, und in seinen Rauchschwaden verschwanden die düsteren Schatten des Mittelalters. (»Was haben eine Zigarette und ein Mensch gemein?« fragt ein grausamer Witz aus ferner Vergangenheit, aus der Shakespeare-Zeit. Die Antwort: »Beide werden mit absoluter Sicherheit zu Asche.«)

Der Tabakanbau ist sehr aufwendig, und in Kuba heißt es, man »umhegt« die Tabakpflanzung, als handele es sich um ein junges Mädchen. »Man muß ihr geben, wonach sie verlangt«, sagen die Züchter, und die Pflanze will Schatten (deswegen sind die großen Tabakfelder mit feinen Leinentüchern abgedeckt, als hätte sich eine Schneeschicht über das tropische Grün gelegt); die Tabakblätter werden einzeln eingesammelt, damit sie ihren Geruch und ihren Geschmack nicht verlieren, und dann werden sie zur Fermentierung vorbereitet, weil ebendieser Fermentierungsprozeß und das Trocknen die Qualität des Tabaks ausmachen. (Der Vorgang heißt *cura* oder *curado*: Er beginnt, wenn die Bündel – acht bilden einen Ballen – auf dem Boden ausgebreitet werden, damit sie reifen, und er endet mit dem *sudado*, wenn das Blatt eine weitere Veränderung durchmacht. Das kann zwischen sechs und zwölf Monaten dauern, aber einige Tabaksorten benötigen achtzehn Monate bis drei Jahre.)

Von den Tabakpflanzungen kommt der Tabak nach Havanna zur Manufaktur. (Ein wunderschönes Wort: mit den Händen arbeiten. Man kann mit den Händen eine Zigarette herstellen, ein Gedicht schreiben, eine Frau befriedigen.)

Die ersten Aufgaben in einer Tabakfabrik obliegen Frauen: erst die *despalilladora*, die die Blätter von den Strünken befreit, dann, besonders wichtig, die *escogedora*. Das ist eine Expertin, die bei den Blättern bis zu sechsundsechzig Nuancen unterscheiden kann, die wiederum verschiedenen Qualitäten entsprechen. Die Augen dieser Auswählerin sind so wertvoll wie die eines Diamantenschleifers. Der Zigarrendreher ist der spezialisierteste Arbeiter der Tabakfabrik – es bedarf einer langen Lehrzeit und sehr viel Praxis; er ist berühmt für seine Fähigkeit, die Zigarre zu schneiden, nachdem sie gedreht ist. Um dem Blatt Form zu geben, verwendet er ein kleines Messer ohne Griff, die *chaveta*. Das Gerät, mit dem man das Zigarrenende abschneidet, heißt übrigens Guillotine, und ein guter Raucher hat sie immer dabei. Der Zigarre den Kopf abzuschneiden hat etwas Verstümmelndes, es ist eine mitleidlose Kastration. Freud sagt, der Kopf repräsentiere den Phallus und jemandem den Kopf abzuschlagen, entspreche einer Kastration. Die Guillotine *amputiert*, sie *trennt* den Kopf vom Körper, und Augenzeugen dieses schrecklichen Todes sagen, daß der Kopf noch einige

Minuten weiterlebt, die Augen bewegen sich unabhängig vom übrigen Körper. Wer das Gerät zum Zigarrenschneiden Guillotine genannt hat, hat einen unvergänglichen Vergleich geschaffen: Jedesmal, wenn ich sehe, wie einer das Zigarrenende abschneidet, muß ich an die Französische Revolution denken. Freud bestand auf dem Symbol der Kastration, auch wenn viele Frauen Opfer dieses grausamen Todes wurden. Das sollte niemanden verwundern: Schließlich ist die Kastration auch eine weibliche Angst. Wie dem auch sei, der phallische Charakter der Zigarre ist eindeutig.

Ich bin nie auf Kuba gewesen, aber ich habe Fotografien von den Tabakfabriken gesehen und viele Berichte gelesen. Alle stimmen dahin gehend überein, daß es sich um schöne, weiträumige und gut belüftete Gebäude handelt und daß die diffizile, große Sorgfalt erfordernde Arbeit mit wahrem Teamgeist ausgeführt wird, verantwortungsvoll und stolz: Die Arbeiter identifizieren sich mit ihrer Arbeit, es verschafft ihnen Befriedigung, die besten Zigarren, Havannas und Zigarillos der Welt herzustellen.

In der auf einem Roman von Prosper Mérimée basierenden Oper *Carmen* von Bizet schaut der Erzähler in eine Tabakfabrik in Sevilla und betrachtet die leichtbekleideten, fröhlich arbeitenden Mädchen. Die Wirklichkeit sah auf Kuba und in Spanien ganz anders aus. Guillermo Cabrera Infante schreibt:

»Die Fabrik ist immer wie ein riesiges Schiff oder ein Hangar mit hohen offenen Fenstern. Der Boden wirkt wie von Stützpfeilern gehalten und ist voll von unzähligen Tischen. An diesen Tischen sitzen etwa fünfhundert Tabakdreher. An einem Ende der Fabrik steht ein Mann vor einem Pult, oder er sitzt vor einem Tisch. Das ist der Vorleser. Seine Aufgabe besteht darin, laut vorzulesen, während die Tabakdreher arbeiten. Bevor die Lautsprechersysteme aufkamen, war es wichtig, daß der Vorleser vor allem eine laute Stimme hatte. Wenn sie bis ans Ende des Raumes vordrang, hatte er den Posten sicher. Eine Sekunde lang dachte man, das Radio würde den Vorleser überflüssig machen. Aber das Vorlesen in den Tabakfabriken hatte eine weiter reichende Tradition in der damaligen Zeit als die drahtlosen Wellen im Raum.«

Ich hätte mir gewünscht, ein Zeitzeuge hätte uns in den erstaunlichsten und faszinierendsten Aspekt der kubanischen Tabakfabriken eingeführt: Zwischen den zweihundert oder dreihundert schwitzenden Männern und Frauen, die mit äußerster Genauigkeit und Fingerspitzengefühl mit den Blättern umgehen, gibt es eine Gestalt, die sich von allen anderen unterscheidet: den Vorleser. Mit seiner klangvollen, lauten Stimme liest er ununterbrochen, während die Dreher ihrer Aufgabe nachgehen. Er war die Hintergrundmusik, das Hörspiel für die Arbeiter. Ich weiß nicht, ob die leise Musik in einigen Fabriken und Unternehmen der heutigen Zeit demselben Prinzip folgt: Die Musik hilft, den Arbeitsrhythmus aufrechtzuerhalten, sie dient dem Spannungsabbau. Wie dem auch sei, der Vorleser in den kubanischen Tabakfabriken machte keine andere Musik als die der Romane, die er mit durchdringender Stimme vorlas.

Die Idee, einen Vorleser zu engagieren, kam einem wohlhabenden Unternehmer, Jaime Partagás (er stammte aus Katalonien), der sie offensichtlich von einem berühmten Gefängnisdirektor hatte, welcher einen Aufstand unterdrückte, indem er den Gefangenen *Notre-Dame von Paris* von Victor Hugo vorlesen ließ. Alles deutet darauf hin, daß er sie zum Einschlafen brachte, was bei dem französischen Romancier und Dichter nicht verwundert.

Der Vorleser fing gewöhnlich mit der Tageszeitung an, und dann machte er mit literarischen Werken weiter, die von naiven erotischen Romanen des 19. Jahrhunderts bis zu den berühmtesten ins Spanische übersetzten Werken europäischer Autoren reichten. Abenteuerromane, Gesellschaftsromane, wissenschaftliche und philosophische Abhandlungen, alle Genres waren auf seinem Pult zu finden. (Die Verwendung des Pults wird ebenfalls Jaime Partagás zugeschrieben.) Die Arbeiter wählten die Bücher aus, nicht der Vorleser. Der Vorsitzende des Lektürekomitees ging von Tisch zu Tisch und notierte sich die Autoren und die Titel, die die Arbeiter hören wollten, und dann wurden die Vorschläge zur Wahl gestellt: Die beiden Bücher, die die meisten Stimmen bekommen hatten, wurden ausgewählt. Ein eigenwilliges System, das Demokratie und Chancengleichheit in der Bildung auf praktische Weise umsetzte. Zweifellos hatte Kuba die gebildetsten und kultiviertesten Tabakarbeiter der Welt, so wie es heute in den *jineteras* die gebildetsten Prostituierten der Welt hat, wie Fidel Castro in einer seiner letzten Reden sagte.

Nach Meinung der Historiographen des Tabaks wurde der Vorleser in Kuba um 1865 eingeführt, und ein Jahr später hatten alle Fabriken der Insel einen. Ich hatte Gelegenheit, eine Liste der unter den Arbeitern und Arbeiterinnen am meisten gefragten Bücher einzusehen: Die romantischen Romane von Victor Hugo, die Abenteuerromane von Jules Verne, *Der Graf von Montecristo* von Alexandre Dumas, die naturalistischen Romane von Zola und Gorkij, sogar Nietzsche wurde vorgelesen. Cabrera Infante berichtet, als Victor Hugo erfuhr, daß seine Romane in den kubanischen Tabakfabriken gelesen wurden, habe er einen Dankesbrief geschickt – Hugo war, genau wie Zola, ein begeisterter Zigarrenraucher, aber wer war das damals nicht?

Der Vorleser wurde also sehr schnell in allen Tabakfabriken Kubas Usus, und die mächtigen Besitzer der amerikanischen Plantagen waren angenehm überrascht, als sie die Insel besuchten; er überstand sogar die Einführung des Radios, denn die Arbeiter zogen einen Vorleser aus Fleisch und Blut den über Schallwellen ausgestrahlten Sendungen vor. Cabrera Infante merkt an, daß die Arbeiter sich nach der Revolution die endlosen Reden Fidel Castros anstelle der Romane von Victor Hugo anhören mußten. Man weiß nicht, was schlimmer ist. Freilich, diese idyllische Vision sollte nicht über die Realität hinwegtäuschen: In den Tabakfabriken mußten die Arbeiter tagsüber unmenschliche Temperaturen (50 °C) und den beißenden Geruch ertragen, zudem riefen die Dämpfe aus den Blättern Schwindel und leichte Erstickungsanfälle hervor.

Der Tabak, in welcher Form auch immer – Zigarren, Havannas, Zigarillos –, setzte sich in ganz Europa durch: als Plaisier der Dandys und vornehmen Herren und als ein Zeichen von Männlichkeit, auch wenn viele Frauen rauchten und ihnen dieses Zeichen von Männlichkeit *raubten*, sich seiner *bemächtigten*, unter anderem George Sand, die sich wie ein Mann kleidete und Romane schrieb wie damals die Männer und doch von Alfred de Musset, Chopin und anderen leidenschaftlich geliebt wurde. Unter den englischen Dandys wurde Oscar Wilde berühmt, weil er Fatimas mit Goldfilter rauchte – wenn er sie bezahlen konnte –, und auf ihn geht eine der treffendsten Definitionen des Rauchens zurück: »Die Zigarette ist der perfekte Genuß: Sie stimuliert, aber sie befriedigt nicht.« Das kann man von fast allem sagen, an dem man leidenschaftlich hängt: ob Schokolade, Zeitung lesen, am Spiel, der Liebe oder einfach am Leben.

Als ich klein war und noch nicht rauchte, aber davon träumte und meinen Maisbart in Papierstücke aus den Schulheften einwickelte, wurden Zigaretten mit dem sogenannten *yesquero* entzündet, ein veraltetes Wort, das nur noch in einigen Regionen in Südspanien gebräuchlich ist. Es leitet sich von *yesca*, Zunder, ab. Das war der Vorläufer des modernen Feuerzeugs, wie des Cartier beispielsweise. Einige Marken wurden berühmt, wie das *Zippo* aus Metall, das einige Jahre später von Benzol auf Gas umgestellt wurde, mit einer spürbaren Verbesserung für die Raucher, denn sie mußten nicht mehr länger den edlen Tabakgeruch mit dem unedlen des Benzols vermischen. Aber in den Filmen unserer Kindheit und Jugend zündeten die einsamen, umherziehenden Cowboys, die durch die Ebenen des Wilden Westens ritten, ihre Zigarette immer mit Streichhölzern an, indem sie damit über eine beliebige Oberfläche fuhren: die Schuhsohle, die Stiefelspitze, den Gewehrkolben, die Bartheke oder einen Stein am Wegesrand. Diese Streichhölzer heißen auf englisch *match*, was von dem französischen *mèche* kommt, *mecha* auf spanisch. Bis 1670 kannte man das Zündhölzchen nicht, das sich so wunderbar eignete, schnell ein Feuer anzuzünden, aber manchmal auch so explosiv wie ein Sprengkörper war oder wie eine Leuchtrakete verpuffte.

Alle Cowboys rauchten: Randolph Scott, Alan Ladd, John Wayne, Gary Cooper, James Stewart, bis hin zu dem stoischen, unerträglichen Clint Eastwood. Für die Cowboys waren die Levi's und die Zigarette aus ihrem Leben nicht wegzudenken. Cabrera Infante erwähnt die lakonische Art, mit der Burt Lancaster einen sanften Tony Curtis um Feuer bittet – eigenartig, daß jemand, der sich so für Gerüchte und Klatsch interessiert wie der kubanische Autor, mit keiner Silbe die Romanze zwischen den beiden Schauspielern erwähnte, über die man in Hollywood hinter vorgehaltener Hand sprach und die sogar auf den Seiten der argentinischen Zeitschriften jener Zeit kommentiert wurde.

Unter den Rauchern gibt es den Aberglauben, daß man nicht mehr als zwei Zigaretten mit einem Streichholz anzünden darf, und sie nähren diesen Glauben, wie alle Abergläubigen, mit zahlreichen wahren oder erfundenen Anekdoten, die durch die Welt gegangen sind.

Wäre ich zehn Jahre früher geboren worden, hätte ich Gelegenheit gehabt festzustellen, daß auch die Frauen rauchten, nicht alle, aber ein paar, wenn ich im Kino den Film *Three on a Match* von dem guten Filmemacher Mervyn LeRoy aus dem Jahr 1932 gesehen hätte. In diesem Film treffen sich drei Freundinnen zum erstenmal nach der Kindheit in einem Café wieder, und sie fordern das Schicksal heraus und zünden ihre Zigaretten mit einem einzigen Streichholz an, die Folgen dieses Übertritts sind fatal.

Bei den Cowboyfilmen gibt es eine kleine Unstimmigkeit: John Wayne oder Randolph Scott zünden ihre Zigaretten zur Zeit der Eroberung des Westens mit einer Art von Streichhölzern an, die erst nach 1890 erfunden wurde. Wir wissen ja, daß sich die Filmindustrie in Hollywood wenig um historische Faktentreue schert, es geht um den Zeitvertreib, deswegen nennen sie das Kino »Unterhaltung«. In Europa, wo es erfunden wurde, sprechen wir hingegen von der siebten Kunst.

SCHNIPP SCHNAPP

Seit der Entdeckung der Tabakpflanze in Amerika (laut Fray Bartolomé de Las Casas, Dominikanerpater aus Sevilla, geschah das 1492 an der Ostküste Kubas) bis heute sind mehr als vierhundert Jahre vergangen, in denen die »Gräser für Räucherwerk«, wie der Pater sie nannte, angebaut wurden. Sie hat eine der weltweit mächtigsten Industrien hervorgebracht. Heutzutage ist es schwer, die Grenzen des Anbaus für die ursprüngliche Spezies festzulegen, denn seit Ende des 15. Jahrhunderts fand die Pflanze solche Verbreitung, daß es heute mindestens fünfundzwanzig bis dreißig verschiedene Sorten Tabak gibt, die in verschiedenen geographischen Räumen wachsen. Von Argentinien bis Algerien, von Borneo bis Brasilien, von Kuba bis zu den Kanaren, von Chile bis China, den Vereinigten Staaten, Ägypten, England, Holland, Deutschland, Türkei oder den Philippinen hat der gemeine Tabak sich ausgebreitet und differenziert: Die windresistente *Nicotiana fructicosa*, die *Nicotiana paniculata* für warmes Klima oder die *Nicotiana olorosa* der Plantagen Virginias bieten eine Vielfalt an Gerüchen und Geschmacksrichtungen zum Vergnügen der Raucher.

Europäische Seeleute haben den Tabak oft eingeschmuggelt, wobei Hafenstädte wie Sevilla und Cádiz besonders begünstigt waren, aber ab dem 16. Jahrhundert begannen in Spanien die ersten heimlichen häuslichen Anpflanzungen. Einer der Pioniere der Erforschung und des Anbaus von Tabak war der sevillanische Arzt und Pharmakologe Nicolás Monardes, der 1550 die ersten Tabakpflanzen aussäte. Rufen wir uns nochmals in Erinnerung, daß Jean Nicot, der französische Botschafter in Portugal, ihn erst 1560 in Frankreich einführte. Es war der Beginn eines florierenden Geschäfts, das bis heute Inbegriff für Gewinne, Gesundheitsprobleme, Muße, Genuß und Legenden ist.

Auf der spanischen Halbinsel wurde Andalusien durch seine strategisch günstige Lage zu einem der bedeutendsten Zentren für den Tabakanbau und die Herstellung von Zigarren und Zigaretten.

Während des 16. Jahrhunderts gab es nur experimentellen Anbau, Streit über den therapeutischen Nutzen der Pflanze, kleine inoffizielle Geschäfte, Prozesse von Gemeinden mit Händlern, die Tabak mahlten, ein paar Exemplare der Pflanze in botanischen Gärten und den Verkauf zu medizinischen Zwecken in den Apotheken. Zigaretten rauchen war eine Gewohnheit der Seeleute, der Männer am Rande des Gesetzes oder der Dandys der gesellschaftlichen Oberschicht (»die Zigarette wurde von den Armen erfunden, das heißt von den Bettlern, die auf den Straßen Spaniens die Reste der von den Adligen gerauchten Zigarren einsammelten, den Tabak herausholten und ihn in Papier einwickelten«, behauptet der argentinische Dichter Gelman, ein großer Raucher).

Wer die Entwicklung der Tabakindustrie in Spanien, insbesondere in Andalusien, dem Epizentrum, wohl am besten erforscht hat, ist der Journalist und Schriftsteller J. L. Ortiz de Lanzagorta in seinem Buch: *Las Cigarreras de Sevilla* (Sevilla 1988).

Der erste Mann, so Lanzagorta, der sich traute, in Sevilla eine Fabrik im strengen Wortsinn einzurichten, sollte kein Sevillaner, nicht einmal ein Spanier sein. Es war ein Armenier, Juan Bautista Carrafa, der 1620 die Konzession erwarb, verarbeiteten Tabak zu verkaufen, und so entstand die erste Tabakfabrik in einem Gebäude von beachtlicher Größe, einem ehemaligen Theater, gegenüber der Kirche San Pedro. Böse Zungen behaupten, es sei nicht nur ein Theater, sondern auch ein Bordell gewesen, was gar nicht so abwegig ist, denn die Theaterbetreiber der damaligen Zeit standen im Ruf, freizügige Sitten zu pflegen. Es überrascht also nicht, daß die erste Fabrik, die sich dem Laster des Rauchens widmete, möglicherweise in einem Gebäude angesiedelt war, in dem man der Fleischeslust gefrönt hatte.

Ein anderer wichtiger Forscher, Professor Rodriguez Gordillo, meint, die echte Innovation der von dem armenischen Unternehmer errichteten Fabrik sei die Behandlung des Tabaks gewesen, der sehr fein gemahlen wurde, im Gegensatz zu Frankreich, wo man ihn rieb. Feiner, goldbrauner Staub, der mit der Zeit immer exquisiter wurde und auf der ganzen Welt geschätzt wurde. Um ihn vom französischen, *rapé* genannten zu unterscheiden, nannte man ihn *polvo sevillano*, ergänzt Kollege Lanzagorta. Der Ursprung des Wortes *polvo* für eine schnelle Nummer geht übrigens auf die Sitte einiger Franzosen zurück, sich unter dem Vorwand, »schnell mal eine Prise zu nehmen«, mit ihren Geliebten zu treffen.

Die sevillanische Fabrik von San Pedro war die erste Tabakfabrik in Spanien, wenngleich nicht die einzige, denn in anderen Regionen wurden weitere eingerichtet, die alle Pudertabak herstellten, der aber nicht immer die Qualität des sevillanischen erreichte.

Mitte des 17. Jahrhunderts arbeiteten noch keine Frauen in dieser Industrie, denn die Arbeit erforderte kräftige, harte, widerstandsfähige Männer. Aber angesichts der kolossal gestiegenen Nachfrage nach sevillanischem Tabak und der Wirtschaftskrise des spanischen Staates wurde die Fabrik in Sevilla durch königliches Dekret der königlichen Finanzverwaltung unterstellt. Mehr noch: Sevilla erhielt das Exklusivrecht zur Herstellung von Tabak, weil seine Produkte so erstklassig waren. Der *polvo sevillano* wurde über die Grenzen hinweg bekannt und galt in den französischen Salons der Aufklärung als feinster und elegantester Schnupftabak. Alle anderen Fabriken, in Galicien, Asturien, Aragón, Valencia, wurden mit Ausnahme von der in Cádiz geschlossen, das Ende des siebzehnten Jahrhunderts seine eigene Fabrik hatte, die der in Sevilla zuarbeitete. Und in ebendieser Fabrik in Cádiz tauchen Rodríguez Gordillo zufolge zum erstenmal die *Cigarreras* auf: 1698 seien dort ausschließlich von weiblichem Personal hergestellte Zigarren produziert worden.

Die weltweit bekannte *Real Fábrica de Tabacos* von Sevilla wurde ab 1725 nach einem berühmten Plan in Etappen am Ufer des Tagarete zwischen San Telmo und dem Alcázar errichtet. Sie war das Szenario für *Carmen* von Prosper Mérimée, das Motiv zahlreicher Stiche von Gustave Doré und Gemälde von Gonzalo Bilbao, sie wurde von dem französischen Schriftsteller Davillier beschrieben und inspirierte den Komponisten Bizet genauso wie den Romancier Palacio Valdés oder den feinsinnigen erotischen Schriftsteller Pierre Loüys.

Die Wechselfälle der königlichen Politik, Zwistigkeiten und andere Widrigkeiten führten immer wieder zu Unterbrechungen des großartigen Projektes, so daß der aus mehreren, architektonisch sehr komplexen Gebäuden bestehende Bau erst 1770 abgeschlossen werden konnte. Die Bauzeit erstreckte sich über mehr als vierzig Jahre, und es waren die berühmtesten Architekten daran beteiligt, angefangen von dem Militäringenieur Ignacio Sala bis zu Sebastián van der Borcht, der das Hauptgebäude 1757 vollendete. Anfang des 20. Jahrhunderts wurde es Sitz der Universität von Sevilla.

Die *Real Fábrica de Tabacos de Sevilla* war ein äußerst fortschrittlicher Fabrikbau. Sie wurde in mehreren Etappen den Erfordernisse der Tabakherstellung angepaßt und unter Berücksichtigung aller technischen und mechanischen Innovationen errichtet. Dem Historiker Cuevas Alcober zufolge mußte sie folgende Bedingungen erfüllen: Feuerfestigkeit, große, niedrige Lagerräume mit dicken, dunklen Wänden (ähnlich den Lagerräumen der Schiffe, in denen der Tabak ursprünglich von Amerika nach Europa transportiert wurde), Terrassen für die Trocknung, das ganze Jahr über reichlich Wasser und schnelle Ableitung der Abwässer. Es wurden auch mechanische Neuerungen eingeführt, wie Steinmühlen, Mörser aus poliertem Jaspis und neuartige Siebe.

Im 18. Jahrhundert verbesserten die Ideen der Aufklärung entscheidend die Arbeitsbedingungen der Arbeiter und weiblichen Angestellten der *Real Fábrica de Tabacos de Sevilla*: Die Nachtschicht wurde abgeschafft, die tägliche Arbeitszeit auf zwölf Stunden, verteilt auf zwei Schichten, reduziert, das Recht auf Pensionierung und Arbeitskleidung eingeführt. Nur die strenge Kontrolle beim Personal blieb erhalten, um Diebstähle zu verhindern.

Historischen Forschungen zufolge arbeitete 1760 noch keine Frau in der sevillanischen Fabrik, aber es gab mehr als tausendfünfhundert männliche *Cigarreros*, das heißt mehr als ein Zehntel der arbeitenden Bevölkerung der Stadt. In der Zusatzfabrik in Cádiz hingegen gab es schon Frauen. Erst im 19. Jahrhundert wurden aufgrund der enormen Entwicklung in der Tabakindustrie auch Frauen als Arbeiterinnen eingestellt – es war der Beginn eines großen romantischen Mythos, der europäische Dichter, Romanciers und Musiker inspirierte.

1845 wurde *Carmen* geboren, die leichtlebige, ungezähmte und verführerische *Cigarrera*. Aber zwischen Mythos und Wirklichkeit gab es ein paar bedeutende Unterschiede, die wir im folgenden zu skizzieren versuchen. Einer patriarchalischen Tradition folgend kultivierte die Mehrzahl der romantischen Künstler das idealisierte Bild der *Cigarreras*: junge, hübsche, lebenshungrige, kokette, unabhängige Frauen mit starkem Charakter und lockeren Sitten. Das war ein Wunschbild, eine Phantasie, ein topisches durch die Malerei, die Musik und die Literatur vermitteltes Bild. Das Bild der Carmen, der Zigeunerin, repräsentierte lange Zeit den von einem romantischen und folkloristischen Hauch umgebenen Typ andalusischer Arbeiterinnen, der leicht festzulegen und exportfähig war. Im 19. Jahrhundert belebten die europäischen Reisenden immer wieder den Mythos der sich über alle Hindernisse hinwegsetzenden Frau, deren Tätigkeit in der *Fábrica de Tabacos* ein Symbol für Sinnlichkeit, Unabhängigkeit und Freiheit inmitten einer männlich dominierten Gesellschaft darstellte, in der Frauenarbeit eine exotische Randerscheinung blieb.

Seit einigen Jahren erlauben die Fortschritte in der *Histoire sociale de l'entreprise*, wie es die französischen Historiker bezeichnen – also die Untersuchung der Situation der Arbeiter, ihrer

Herkunft, ihrer Einstiegschancen in der Fabrik, Arbeitszeiten, Anforderungen, Regeln, Gehälter etc. –, sowie die Forschungen zur Sozialgeschichte der Frauen, klar zwischen dem Mythos – dem Bereich des Künstlerischen und Emotionalen – und der objektiven Realität zu unterscheiden. Ende des 19. Jahrhunderts erfolgte eine Proletarisierung der *Cigarreras*, ihre Eingliederung in den allgemeinen Rahmen der Arbeitsbedingungen der Industriegesellschaft, und es kam zu den ersten bereits gewerkschaftlich organisierten Kämpfen.

Die ersten *Cigarreras* kamen aus Cádiz. Professor Rodríguez Gordillo hat die Ausgaben der Fabrik von Cádiz im Jahr 1689 dokumentiert und kann belegen, daß dort nur Zigarren und Zigaretten hergestellt wurden, und zwar ausschließlich von weiblichem Personal. Diese Besonderheit hat mehrere Gründe. Am Ende der Regierungszeit von Carlos II. herrschte im Hafen von Cádiz reger Verkehr, ein ständiges Hin und Her von Immigranten aus allen Himmelsrichtungen; und die Seeleute verlangten mehr nach Zigaretten als nach Pfeifentabak oder Zigarren. Die Fabrik in Sevilla war mit Schnupftabakbestellungen ausgelastet und verlagerte die Herstellung von »Rauchprodukten« oder Zigaretten nach Cádiz. Der Unterschied zwischen den Geschlechtern war weitestgehend durch die Herstellungstechniken bedingt: Der sogenannte Rauchtabak wurde manuell hergestellt, und man benötigte viel Personal mit feinen, flinken Händen. Andererseits waren die Zigaretten viel billiger als irgendein anderes Tabakprodukt, so daß die Arbeit schlechter bezahlt wurde. »Die Frau war wieder einmal das geeignete Opfer für die Wirtschaft«, schreibt J. L. Ortiz de Lanzagorta. Die jungen Mädchen erfüllten alle Bedingungen, um zu billigen, anspruchslosen Massenarbeitskräften zu werden.

In Sevilla hingegen wurde weiterhin der berühmte Schnupftabak hergestellt, über den Theophile Gautier sagte: »Weil er so fein und von so schöner gelber Farbe war, bestäubten die Marquis damit ihre Krawatten.«

Es gab eine solche Konkurrenz zwischen dem geriebenen französischen und dem gemahlenen spanischen Schnupftabak, daß beide Länder den Konsum des anderen verboten. Aber der Schmuggel, der immer von Verboten profitiert, blühte in einer Weise, daß die *Real Fábrica de Sevilla* angewiesen wurde, ebenfalls geriebenen Tabak herzustellen. Diese Reform aus dem Jahre 1786 war sehr bedeutend, denn um diesen Tabak mindestens in französischer Qualität herstellen zu können, mußte man neue Maschinen erwerben und den Arbeitern neue Techniken beibringen. Und mit den neuen Maschinen kamen die ersten drei französischen Arbeiterinnen, die sich in der spanischen Tabakindustrie verdingten.

Der Mythos war geboren: *Cigarreras* in Cádiz und drei junge Französinnen in der Fabrik von Sevilla, dazu die romantische Phantasie, und schon wurde eine Vielzahl von Legenden geboren.

Aber Prosper Mérimée brauchte nicht die Pyrenäen zu überqueren, um Carmen, die rebellische, schöne, hochmütige Zigeunerin, zu finden, die Bizet später zur Protagonistin seiner Oper machte, denn in Marseille und Paris gab es schon *Cigarreras*, Französinnen mit üppigem Ausschnitt und phrygischen Mützen (ich halte mich an die Beschreibungen und die Stiche der damaligen Zeit), als in Spanien das Mahlen des Tabaks noch eine Aufgabe für starke Männer war.

In den ersten dreißig oder vierzig Jahren, in denen die Frauen tätig waren, bestand der einzige technische Fortschritt beim Drehen der Zigarren in der Verwendung eines ersten Deckblattes, mit welchem das Innere der Zigarre eingehüllt wurde. Das am meisten gebrauchte Werkzeug der Frauen war die Schere. Baron de Davillier, der von seinem ersten Besuch in der Fabrik im Jahr 1862 berichtete, dichtete ein volkstümliches Lied über die Arbeit der *Cigarreras*: »Gott sprach: Mensch, verdien dein Brot / im Schweiße deines Angesichts / Und *Cigarrera*, dein Los sei / die Schere, schnipp, schnipp, schnapp.«

Denn in den Fabriken hörte man Hunderte von Scheren, mit denen die Zigarrenspitzen abgeschnitten wurden. Jeder Tisch, der sogenannte *rancho*, übersetzt etwa: Lager, gemeinschaftliche Mahlzeit (die Bezeichnung geht möglicherweise darauf zurück, daß die Arbeiterinnen ihr eigenes Essen mit in die Fabrik brachten), hatte seine bestimmte Aufgabe und bestand aus einer Gruppe von vier bis zwölf Arbeiterinnen. Eine Produktionsstätte konnte leicht bis zu dreihundert, auf fünfundzwanzig *ranchos* verteilte Frauen beherbergen. Der Schriftsteller Palacio Valdés spricht 1888 in bezug auf die *Real Fábrica de Sevilla* von dreitausend Arbeiterinnen verschiedener Kategorien: Vorarbeiterinnen, Meisterinnen, *Pureras*, *Cigarreras*, und Lehrlinge. Letztere traten mit etwa dreizehn Jahren in die Fabrik ein und fingen mit dem Säubern der Tabakblätter an, bis sie den Status einer *Purera* erworben hatten, die die Zigarren wickelt, und weil man für diese Aufgabe so viel Fingerspitzengefühl braucht, wie um ein Neugeborenes anzuziehen, nannte man diese Arbeit umgangssprachlich *hacer el niño*, das Kind herrichten. Und noch ein wichtiges Detail: Wenn man das höchste Niveau in der Hierarchie erreichen wollte, den Status einer Meisterin, mußte man lesen und schreiben können, was in den unteren Schichten damals ungewöhnlich war. Des weiteren mußte man mindestens fünfundzwanzig sein und wenigstens sechs Jahre als Arbeiterin oder Leiterin eines *rancho* gearbeitet haben. Die betreffende Frau mußte lesen und schreiben können, denn es gehörte zu den Aufgaben einer Meisterin, aufzuschreiben, was an jedem *rancho* täglich produziert wurde, sie mußte die Anwesenheit kontrollieren und alle Vorkommnisse notieren. Auch wenn sie das Befeuchten und Auslegen des Tabaks überwachten, mangelhafte Bündel entfernten und auf die Arbeitsdisziplin achteten, war es ihnen verboten, direkt an der Tabakherstellung mitzuwirken, weil sie nicht zu den Arbeitern zählten. Anfang des 19. Jahrhunderts hoben sie sich von den anderen dadurch ab, daß sie einen monatlichen Lohn bekamen. In Zeiten harter Arbeitskämpfe – keine Seltenheit – wurden die Unterwürfigsten in Führungspositionen berufen. Eloísa Baena Luque, die eine detaillierte Studie über die Charakteristiken der weiblichen Arbeiterschaft in der *Real Fábrica de Tabaco de Sevilla* in ihrem Buch *Las cigarreras sevillanas, un mito en declive* (Atenea, Universidad de Málaga, 1993) vorgelegt hat, sagt:

»Sie ähnelte mehr einem Altersheim als einem Serail. 1886 waren es mehrheitlich junge Mädchen zwischen vierzehn und fünfundzwanzig Jahren, aber fünfundreißig Jahre später sieht die Belegschaft anders aus, denn diese jungen Mädchen waren inzwischen zu reifen Frauen zwischen vierzig und fünfzig geworden, die dreißig Jahre Arbeitsleben hinter sich hatten.« Die naturalistische Schriftstellerin Emilia Pardo Bazán hat 1882 in ihrem Roman *La tribuna* eine detaillierte Beschreibung der *Fábrica de Tabacos de la Coruña* gegeben, die weit realistischer ist als die von Mérimée. Die Schriftstellerin schreibt von ihrer eigenen Erfahrung: Sie arbeitete zusammen mit den Frauen in der Fabrik und stellte fest, daß die Werkstätten der *Cigarreras* angenehmer waren als die der *Pureras*, erstere kamen meistens aus der Stadt und letztere vom Land, alle brachten ihr Essen mit und ihre kleinen Kinder, die sie in Wiegen neben sich stellten. Diese aus der Notwendigkeit geborene Sitte, die Kinder mitzunehmen, kann man in einem wunderschönen Bild von Gustave Doré aus dem Jahre 1862 bewundern, wo man eine Gruppe Arbeiterinnen an langen Arbeitstischen mit den Wiegen ihrer kleinen Kinder sieht. Das war vielleicht die letzte Errungenschaft der sevillanischen Fabrik: die kleinen Holzkisten für die Kinder.

Damit man sich eine Vorstellung von der Größe und der Bedeutung der Tabakfabriken für Frauen machen kann, hier zwei statistische Daten: 1886 waren bei der *Real Fábrica de Sevilla* sechstausendsechshundert Frauen angestellt, und als Baron Charles Davillier sie besucht, notiert er 1862 in seinem Reisetagebuch *Reise durch Spanien*, daß dort viertausendfünfhundert Arbeiter angestellt waren, davon viertausend Frauen. In der Praxis war das Leben in der Tabakfabrik wie das einer großen Familie oder Hausgemeinschaft, wo die Arbeiterinnen aßen, arbeiteten, ihre Kinder hüteten, redeten, Freundschaften knüpften und sich gegenseitig halfen. Manchmal gab es auch Rivalität.

Der Mythos der *Cigarrera* entstand ausgehend von der Wirklichkeit in den Tabakfabriken – im wesentlichen der andalusischen – und spiegelte zum Teil auch die Arbeitsbedingungen wider. Auf dem Gemälde *Las Cigarreras* von Gonzalo Bilbao, das im Museo de Bellas Artes in Sevilla hängt (es stammt aus dem Jahr 1915), stillt die Arbeiterin in der Mitte gerade ihr Baby, und die anderen Arbeiterinnen schauen ihr liebevoll zu. Dieses Gemälde ist vielleicht das wichtigste ikonographische

Zeugnis einer ebenso unterschätzten wie durch die romantischen Künstler poetisch überhöhten weiblichen Tätigkeit. Weil es sich um Frauen handelte, waren die Löhne geringer als bei den Männern: Um 1900 etwa 200 bis 400 Peseten jährlich. (Ein Lehrer, ebenfalls ein unterbezahlter Beruf, verdiente zur selben Zeit etwa tausend Peseten im Jahr.)

Carmen von Mérimée ist ein kleines Meisterwerk der französischen Literatur, und sein Blick auf die freizügigen Tabakarbeiterinnen mit dem losen Mundwerk geht auf eine Reise des Autors nach Sevilla und einen Besuch in der *Real Fábrica de Tabacos* zurück. Es ist ein romantischer Roman, und es gibt entsprechend viel Phantasieelemente, aber der Autor macht auch ein paar sehr realistische soziale Beobachtungen. Carmen sagt, sie sei Zigeunerin (sie wurde von Zigeunern geraubt), aber sie verrät, daß sie eigentlich in Echalar, einem Dorf im Norden von Navarra, geboren ist, wo ihre Mutter von dem Ertrag von zwanzig Apfelbäumen für Cidre aus ihrem Garten (*barrateca* auf baskisch) lebte, und sie sieht sich selbst als Baskin. Sie beklagt sich, daß sie beleidigt wurde, weil sie keine Sevillanerin ist, weil sie »nicht aus diesem Land der Betrüger, der Verkäufer von faulen Orangen« kommt (man darf nicht vergessen, daß es in Sevillas Straßen vor Orangenbäumen nur so wimmelt). Sie ist schön, und sie kann so geschickt die Hüften schwingen, wie sie mit dem in ihren Kleidern versteckten Messer umgehen kann.

Der Mythos der *Cigarreras* war eher französisch und europäisch geprägt als spanisch. Kein andalusischer Schriftsteller hat sie zu literarischen Gestalten in Dichtung oder Roman gemacht, vielleicht weil sie zu nah waren oder schlichtweg weil es diesen Autoren an Inspiration mangelte. In Spanien war es eine Frau, die fortschrittliche Schriftstellerin, Feministin und Freidenkerin Emilia Pardo Bazán, die sich in dem erwähnten Roman mit dem Thema auseinandersetzte, und ihr naturalistischer Realismus steht dem Balzacs oder Zolas in nichts nach.

In der ersten Hälfte des 19. Jahrhunderts waren Sevilla und die Tabakherstellung bereits ein mythosbeladenes Symbol für Spanien, und andere Schriftsteller folgten Mérimée und besuchten die Stadt und die Fabrik: Washington Irvin, Richard Ford, George Barrow und der junge Byron – Frasquita Larrea, eine der aufgeklärten Damen von Cádiz, die einen literarischen Salon unterhielt, weigerte sich, den jungen Dichter zu empfangen, weil sie fand, er sei nicht bekannt genug.

Außerdem schrieben über die sevillanische Tabakproduktion Theophile Gautier, der erwähnte Baron Charles Davillier (er reiste in Begleitung von Gustave Doré, dessen schöne Stiche später sein Buch illustrierten) und Pierre Loüys, der in seinem Roman *Dieses obskure Objekt der Begierde* die erotischen und sadomasochistischen Züge der legendären *Cigarreras* betonte.

Diese Arbeiterinnen bildeten eine spezielle soziale Schicht innerhalb des Proletariats, zum Teil, weil sie andere Arbeitsbedingungen hatten, und zum Teil, weil sie eine Arbeit machten, die nur von Frauen gemacht wurde und weil sie einen Ort hatten, wo sie tagsüber ihr Leben, ihre Sorgen und das Aufziehen der Kinder teilten. Ich zitiere noch einmal den Autor von *Las cigarreras sevillanas*:

»In der *Fábrica de Tabacos de Sevilla* zu arbeiten ist eine Aufgabe und eine Lebensform, die den Charakter prägen. Die Frauen bilden einen besonderen Sektor oder Clan – die meisten Frauen sind stolz darauf, *Cigarreras* zu sein –, sie geben sich aufgeschlossen, ihre Sprache ist voller Pikanterie, der Charakter stark, sie können für sich selbst sorgen. Sogar wenn sie sterben und die Familie oder die Kolleginnen genügend Geld haben, um eine Todesanzeige zu veröffentlichen, steht da in Großbuchstaben *Cigarrera* ... Es ist fast ein erbliches Gefühl, das tief in der Behauptung der Persönlichkeit wurzelt, das Tun ist zum Sein geworden, sie nehmen ihr Schicksal an, im Guten wie im Schlechten.«

In der Tat: Das tägliche Zusammenleben von bis zu fünftausend jungen Frauen bis ins Alter formte das unabhängige, leicht anarchische, kameradschaftliche Wesen der *Cigarreras* und brachte sogar eine eigene Sprache hervor. Es war ein starkes Band, das sie, gerade weil es Frauen waren, besonders verständnisvoll gegenüber menschlichen Schwächen machte.

Pierre Loüys, der poetisch-erotische französische Schriftsteller, kam Ende 1895 nach Sevilla und besuchte die *Real Fábrica de Tabacos*; sein berühmtester Roman, *Dieses obskure Objekt der Begierde*, wurde fast komplett in dieser Stadt verfaßt und 1977 von Luís Buñuel verfilmt. Die Protagonistin, Concha, sieht sich gezwungen, als *Cigarrera* zu arbeiten. Im fünften Kapitel beschließt Mateo (das Alter ego von Pierre Loüys), der die Spur seiner geliebten Concha verloren hat, die Zeit totzuschlagen, indem er die Fabrik besucht, in der die berühmten *Cigarreras* arbeiten.

»Ich betrat die *Fábrica*, und zwar allein, was ein Privileg war, denn wie Sie wissen, werden Besucher in diesem riesigen Harem mit viertausendachthundert lässig gekleideten noch lockerer sich ausdrückenden Frauen gewöhnlich von einer Aufseherin herumgeführt.

An diesem, wie gesagt, drückend heißen Tage nutzten sie rückhaltlos die Erlaubnis, in der unerträglichen Atmosphäre, in der sie von Juni bis September zu leben gezwungen sind, sich ihrer Kleider zu entledigen, soweit sie wollen. Eine solche Erlaubnis ist nur menschlich, denn in diesen langen Sälen herrscht eine Temperatur wie in der Sahara, und es ist eine Pflicht der Barmherzigkeit, den armen Mädchen die gleiche Freiheit zu gewähren wie den Heizern auf Dampfschiffen. Das Ergebnis ist jedoch nicht weniger interessant.

Die am wenigsten Nackten hatten nur ihr Hemd an (das waren die Prüden): Fast alle arbeiteten mit bloßem Oberkörper und einem einfachen, vom Gürtel zusammengehaltenen, manchmal bis über die Mitte der Oberschenkel aufgeschürzten Leinenrock. Ein sehr gemischter Gesamteindruck. Frauen jeden Alters, Kinder, Greisinnen, junge und weniger junge, massige, fette, magere, knochige. Einige waren schwanger. Andere säugten ihr Kind. Wieder andere waren noch nicht einmal mannbar. Das einzige, was es wahrscheinlich nicht in dieser Masse nackter Frauen gab, waren Jungfrauen. Aber es waren sogar hübsche Mädchen darunter.

Nach rechts und nach links blickend, drängte ich mich durch diese dichten Reihen hindurch, bald angebettelt, bald mit reichlich unanständigen Scherzen bedacht. Denn das Erscheinen eines einzelnen Mannes in diesem immensen Harem macht immerhin Aufsehen. Bitte glauben Sie mir, wenn ich Ihnen versichere, daß diese Frauen kein Blatt vor den Mund nehmen, wenn sie ihr Hemd heruntergelassen haben, und daß sie ihre Worte mit Gesten von einer Schamlosigkeit oder Eindeutigkeit begleiten, die sogar einen Mann in meinen Jahren ein wenig durcheinanderbringt. Schamlosigkeit ist diesen Mädchen so natürlich wie anderen Frauen Sitte.

Nicht allen gab ich Antwort. Wer kann sich rühmen, einer *Cigarrera* gegenüber das letzte Wort zu behalten? Ich sah ihnen jedoch aufmerksam zu. Da sich ihre Nacktheit schlecht mit dem Eindruck einer anstrengenden Arbeit vertrug, kam es mir vor, als ob all diese geschäftigen Hände sich eiligst unzählige kleine Liebhaber aus Tabakblättern kneteten. Ihre Bewegungen legten mir jedenfalls diesen Einfall nahe.

Merkwürdig ist der Gegensatz zwischen ihrer Wäsche und ihren mit äußerster Sorgfalt gepflegten Frisuren. Ihr Haar ist mit Brennscheren gelockt, als ob sie geradewegs auf einen Ball gingen, und gepudert sind sie bis zu den Brüsten hinunter … Man könnte sie für Schauspielerinnen halten, die als Bettlerinnen kostümiert waren.«

Der Asturier Armando Palacio Valdés – Realist wie die Mehrzahl der spanischen Schriftsteller – ist einer der wenigen, der in *Die Andalusierin* aus dem Jahr 1889, sieben Jahre vor Pierre Loüys, einen Besuch in der *Real Fábrica de Tabacos de Sevilla* beschreibt. In dem Roman geht Ceferino in seiner Verzweiflung, weil er nichts von Gloria, der Protagonistin, gehört hat, in die *Fábrica de Tabacos*, um Paca, eine frühere Dienstbotin, zu suchen, die jetzt *Cigarrera* ist. »Suchen Sie mal unter sechstausend Frauen eine Paca«, klagt der Erzähler. Der Verwalter, Señor Nieto, begleitet Ceferino schließlich auf der Suche nach Paca in die Werkstätten.

Sie fangen im Bereich der Zigarettenherstellung an. Auch im Roman von Palacio Valdés ist Sommer und Mittagszeit. Es lohnt sich, seine Beschreibung mit der von Pierre Loüys zu vergleichen:

»Als ich an die Tür kam, schlug mir warmer Dampf entgegen, und ich nahm einen penetranten, beißenden Geruch wahr, der nicht nur vom Tabak stammte, denn den riecht man schon, kaum daß man einen Fuß in die Fabrik gesetzt hat, sondern von Schweiß und Atem, diese unangenehme Mischung, die immer entsteht, wenn im Sommer viele Menschen auf engem Raum versammelt sind.«

Der Romancier berichtet, daß er einen Augenblick in der Tür warten mußte, bis der Verwalter mit der Meisterin gesprochen hatte, die ihm erlaubte einzutreten:

»Soweit ich es verstand, war sie herumgegangen und hatte den Besuch angekündigt, damit die Arbeiterinnen ansonsten unsichtbare Körperteile, die sie wegen der Hitze entblößt hatten, bedecken konnten. Als wir eintraten, sah ich noch, wie einige sich eilig die Bluse zuknöpften oder eine Nadel in das Tuch steckten, das sie um den Hals trugen.«

In dem Roman von Palacio Valdés fehlen die eindeutig erotischen Elemente von Pierre Loüys, auch wenn das Porträt einige Sitten, Scherze und Redewendungen aus der Subkultur der *Cigarreras* wiedergibt. Seine Beschreibung ähnelt mehr den Bildern Bilbaos. Der asturianische Schriftsteller betrachtet die Wiegen, die Säuglinge, die Farbe der Perkalkleider, die Blumen in den Haaren, die Späße und die schwarz umrandeten Augen der Frauen, und er registriert auch den Ausruf: *Bronca!*, Zoff, der dazu diente, scherzhafte oder ernstgemeinte Tumulte anzuzetteln.

Was die schwarzen, glänzenden Augen der *Cigarreras* angeht, die ausnahmslos jeder Reisende, jeder Schriftsteller, beschrieben hat, so hat J. L. Ortiz de Lanzagorta in seiner Studie auf ein bedeutendes Faktum aufmerksam gemacht: Doktor Hauser beobachtete während seines Aufenthaltes in Sevilla die gesundheitlichen Auswirkungen der Tabakherstellung. Sie schädigte nicht nur den Atemapparat und die Haut, sondern sie rief auch eine Augenkrankheit, eine Ophthalmie, hervor, die durch

Erweiterung der Pupille und das Zusammenziehen von Iris und Netzhaut charakterisiert war. Das heißt: große, glänzende Augen, bei denen das Schwarz der Pupille betont war – die berühmten pechschwarzen Augen in den Romanen der ahnungslosen Schriftsteller.

Die *Fábrica de Tabacos de Madrid* befand sich in einem Gebäude in der Nähe der Glorieta de Embajadores. Sie war ursprünglich als Sitz der *Real Fábrica de Aguardientes y Naipes* während der Regentschaft von Carlos III. geplant und gebaut worden. Aber 1809 während der Besatzung durch die französischen Truppen wurde im Inneren des Gebäudes auf Befehl von Joseph Bonaparte eine kleine Tabakfabrik errichtet. Es handelte sich um eine provisorische Einrichtung, die der Unterversorgung des Hofes entgegenwirken sollte, und es wurden mehr als achthundert Frauen aus den umliegenden Vierteln rekrutiert. Gegen 1825 erteilte die *Dirección general de Rentas Estancadas* die offizielle Genehmigung für die Fabrik, und diese wurde zu einem der Hauptzentren für Tabakherstellung auf der Halbinsel; Ende des 19. Jahrhunderts waren dort bereits mehr als viertausend Arbeiterinnen beschäftigt. Außer den verschiedenen Gebäuden zur Tabakherstellung verfügte die *Fábrica de Tabacos de Madrid* ab 1840 über eine Schule mit Hort für die Töchter der *Cigarreras*; 1920 wurden die »Milchsäle« eingerichtet, die zum Stillen gedacht waren, sowie Zimmer mit Wiegen und Betten.

Die *Cigarreras* von Madrid zeigten sehr früh ein soziales Bewußtsein und eine überraschende Fähigkeit, sich gegenseitig zum Arbeitskampf zu mobilisieren, wie der berühmte Aufstand in der Fabrik im Jahre 1830 beweist, der »die Autoritäten das Fürchten lehrte«, wie Chronisten der Epoche schreiben. Damals verließen mehr als dreitausend *Cigarreras* ihren Arbeitsplatz und griffen den Direktor der *Fábrica Estatal de Tabacos* an, um für ihre Löhne und Arbeitsbedingungen zu kämpfen.

Ohne die enorme Verbreitung der Gewohnheit des Rauchens hätte es die *Cigarreras* nicht gegeben, und sie trugen dazu bei, daß es in der Unterschicht ein Symbol für Freiheit und Unabhängigkeit war, wenn eine Frau rauchte.

Eine der schönsten Tabakfabriken der Halbinsel ist die 1920 im sevillanischen Stil erbaute von Málaga. Sie besteht aus drei jeweils fünfzehntausend Quadratmeter großen Gebäuden um einen begrünten Platz. Der Komplex wurde von der Stadtverwaltung Ende 2002 (als die Fabrik ihre Arbeit einstellte) an die Gesellschaft Altadis verkauft, die dort ein Wohn- und Hotelzentrum errichten will. Die Stadt behielt die Fabrikschiffe, über deren Nutzung noch nicht entschieden wurde, aber sie werden öffentlichen Zwecken dienen, wie es im Vertrag heißt.

Und so verschwinden nach und nach die noblen Gebäude der Tabakfabriken, die, Musterbeispiele an architektonischer Schönheit, viele Jahre lang die Wahrzeichen der Städte waren, vor allem der andalusischen. Mögen sie auch noch so schön sein – mit dem Rauch entschwinden auch die Gebäude.

ANYBODY GOT A MATCH?

Kurioserweise wurde im neunzehnten Jahrhundert vor Erfindung des Kinos das Zigarettenrauchen als weibisch angesehen. Echte Männer rauchten Zigarren; die Dandys, die Schönlinge und die Homosexuellen Zigaretten. Aber das Kino wurde zu ihrem größten Werbemedium: Alle amerikanischen und europäischen Schauspieler rauchten auf der Leinwand. Das Kino verbreitete in aller Welt die Bilder von blonden, Tabak rauchenden Cowboys, Verführern, Gangstern, Polizisten, Politikern, Geschäftsleuten, Gouverneuren, Sträflingen, Familienvätern, Bettlern und der einen oder anderen Frau. Den Anfang machte Rodolfo Valentino, unter den Seufzern seiner zahlreichen Bewunderinnen, und es folgten Humphrey Bogart in *Der versteinerte Wald* und *Haben und nicht Haben* neben einer sehr verführerischen Lauren Bacall, die mit rauchiger, sinnlicher Stimme fragte: »*Anybody got a match?*« Es rauchten Orson Welles in *Citizan Kane*, Tony Curtis und Jack Lemmon in *Manche mögen's heiß*, Louis Jourdan in *Gigi*, Dustin Hoffman in *Reifeprüfung*, Marlon Brando in *Endstation Sehnsucht* oder in *Der Pate*, James Dean und Rock Hudson in *Giants*, Vittorio Gassmann in *Diebe haben's schwer*, Marcello Mastroianni in *Dolce Vita*, Jean Gabin in *Hafen im Nebel*, Paul Newman und Robert Redford in

Der Clou, Jean-Paul Belmondo in *Atemlos*, John Wayne in *Hatari*, Alain Delon in *Der Samurai von Paris*, Dirk Bogarde in *Der Nachtportier*, Sean Connery in der James Bond Saga und viele mehr.

Nach dem Ersten Weltkrieg änderte sich die gesellschaftliche Haltung zu dem Verhältnis Frau und Zigarette, ebenfalls durch das Kino. 1918 spielte eine für ihre Schönheit und Sinnlichkeit berühmte Schauspielerin, Pola Negri, die Rolle der Carmen. Sie schaute nach unten, die Haarsträhne im Gesicht, die Augenbrauen tiefschwarz, ein Kreuz auf der Brust, die Fäuste in die Hüfte gestützt und eine Zigarette im rechten Mundwinkel. Sie vermittelte das Bild der sinnlichen Zigeunerin, die nach Nietzsche den tragischen Geist verkörpert, der die romantische Essenz der Liebe ist.

»Das Rauchen und das Küssen – schreibt die Schriftstellerin Carmen Posadas in einem Artikel in der Zeitschrift *Fotogramas* – haben wir alle durch die Kinofilme gelernt, denn lange bevor wir unsere erste richtige Lucky Strike à la James Dean oder eine Sobrani à la Audrey Hepburn anzündeten, hatten wir schon hinter verschlossenen Türen vor dem Spiegel geübt. ›Willst du Feuer, Puppe?‹ Und eine unsichtbare Hand führte ein unsichtbares Streichholz an unsere improvisierte aus einem Papierröhrchen bestehende Zigarette. ›Danke, Süßer, wie heißt du?‹ Ich heiße James Dean, Cary Grant oder am besten (mein rauchender Lieblingsheld): Ich heiße Clint Eastwood und kaue mit zusammengepreßten Kiefern auf Mecarillos herum, die Lider fast geschlossen, damit mich die Helligkeit der Wüste von Arizona nicht blendet. ›Und wie heißt du, Puppe?‹ Ich heiße Marlene, Ingrid oder wahrscheinlich Lauren Bacall, denn niemand verstand so zu rauchen wie sie, und so wollte ich sein, wenn ich größer war. Aus dieser Anfangszeit habe ich noch einen leicht widerwilligen Ausdruck beim Abschütteln der Asche bewahrt und die verrückte Idee, roten Lippenstift zu benutzen, um auf den Filtern meiner Zigaretten die Spur des Vamps zu hinterlassen, der ich nie war.«

Die Tabakindustrie wußte, daß das Kino Leitbilder schuf, die die jungen Leute imitierten, so daß sie einem Bericht der American *Lung Association* in Sacramento, Kalifornien, zufolge jahrelang Hunderte unter Hollywoods Schauspielern und Schauspielerinnen »köderten«. Eine kürzlich veröffentlichte Studie zeigt, daß die Tabakunternehmen jahrelang zweihundert Stars gratis mit Tabak versorgten, darunter Liv Ullmann, Shelley Winters und Randolph Scott. Wenn man die Schauspieler köderte, konnte man sichergehen, daß der Tabak in den Filmen auftauchte. Sie hüllten die härtesten und zynischsten Kerle und die schönsten und verführerischsten Schauspielerinnen der Leinwand in einen Nebel aus Zigarettenrauch. Ein Schauspieler, der 1987 an einem Lungentumor starb, Yul Brunner, widmete die letzte Zeit seines Lebens dem Kampf gegen die Zigarette. »Die Mehrzahl der starken positiven Bilder der Zigarette und des Rauchens wurden durch das Kino und das Fernsehen geschaffen«, erklärt Kurt McKennson, Autor der zitierten Studie. Die Szenen, in denen die Schauspieler rauchten, verstärkten die Gewohnheit bei den Zuschauern und verbreiteten die Vorstellung, das Rauchen sei ein Symbol für Rebellion, sexuelle Anziehungskraft und Reichtum.

Die Zigarettenmarken tauchten auch in vielen Kinderfilmen auf wie *Falsches Spiel mit Roger Rabbit* aus dem Jahr 1988, wo man ein Werbeplakat von Lucky Strike sehen kann, oder *Superman* aus dem Jahr 1978, wo Louise Lane, gespielt von Margot

Kidder, Marlboro raucht; in *Superman II*, 1980, taucht die Marke zwanzigmal auf.

In dem Zeitraum von 1990 bis 1995 sah man laut einem Bericht der US-amerikanischen Antitabak-Gesellschaft in der Hälfte der in den USA gezeigten Filme einen Schauspieler oder eine Schauspielerin rauchen. Später verpflichteten sich die Unternehmen in einem 1998 von zwanzig Bundesstaaten und der Tabakindustrie unterzeichneten Vertrag, den Schauspielern kein Geld mehr dafür zu zahlen, daß sie die Produkte in ihren Filmen verwendeten. Eine Studie der Universität Chicago belegt, daß in den siebziger und achtziger Jahren besonders viel in die Kino-Promotion investiert wurde. Der Unternehmer Kori Titu hat zugegeben, daß die Leinwandkampagnen zur Förderung des Rauchens bereits in den vierziger Jahren anfingen.

Dieses Phänomen kann man auch in der Literatur beobachten. Auch die Helden und Heldinnen in den Romanen rauchen schon seit langem. Für die Romanciers, die das Konzept der Neuen Frau im viktorianischen England propagierten, waren rauchen und schreiben untrennbar miteinander verbunden. Ich bin weder Engländerin noch Viktorianerin, aber diese Verbindung kam auch zu mir, denn als ich davon träumte, Schriftstellerin zu werden, sah ich mich selbst auch immer rauchen und schreiben. Raymond Chandler sagte, man könne einen Mann daran erkennen, wie er die Zigaretten anzündet oder ausdrückt, wie er sie zwischen den Lippen hält oder an der Art, wie er sie im Aschenbecher malträtiert. Albert Camus, Hemingway, William Faulkner, Jean-Paul Sartre, Julio Cortázar ließen sich nicht nur mit Zigarette fotografieren, sondern auch die Protagonisten ihrer Romane und Erzählungen rauchen andauernd.

Die Frauen der amerikanischen und europäischen Mittelschicht waren die letzten, die in der Öffentlichkeit rauchten, deswegen hatte ich vor 1951 keine gesehen. Für diese Frauen war Rauchen etwas vage Erotisches, mit Sexualität Verbundenes. Im europäischen und amerikanischen Kino rauchten als erstes die *Verdorbenen* und die *Vamps*. So wie Humphrey Bogart ein unwiderstehlicher Raucher in fast all seinen Filmen war, so wurde Marlene Dietrich zur *femme fatale* mit der Zigarette in der Hand. Marlene schien mit dem ganzen Körper zu rauchen, die Zigarette war eine Verlängerung ihrer Hand. In *Shanghai Express* kam der Rauch ungestüm und sinnlich aus ihren bebenden Nasenflügeln und entzündete die Leidenschaft der an ihrer Seite seltsam schwach wirkenden Männer, Opfer einer tödlichen Faszination. In *Der Teufel ist eine Frau* von ihrem Lehrmeister und Freund Josef von Sternberg spielt Marlene eine Spanierin namens Conchita Pérez – hätte man einen besseren Namen finden können? – eine kokette *femme fatale*, die in einer Zigarettenfabrik in Sevilla arbeitet. Am Ende des Films, auf einem Bahnhof, der die Endstation ihres Verfalls repräsentiert, bittet sie den Vorsteher um eine Zigarette, und dieser weiß, daß es die berühmte letzte ist. Marlene schaut ihn entrückt an und sagt: »Weißt du, ich habe mal in einer Zigarettenfabrik gearbeitet.« Ihre Art zu rauchen war eines der verführerischen erotischen Attribute, ebenso wie ihre Wimpern oder ihre endlos langen Beine. Wenn sie um eine Zigarette bat oder sie anzündete, waren die Männer völlig durcheinander: Bei Marlene schien das Zigarettenanzünden immer für etwas anderes zu stehen.

Die amerikanischen Frauen der Mittelklasse mußten bis zum Börsencrash 1929 warten, um privat rauchen zu können, und bis zum Zweiten Weltkrieg, um es auch in der Öffentlichkeit tun zu dürfen. Rita Hayworth ist auch eine Schauspielerin, die rauchend enorm verführerisch wirkte. Und ich beziehe mich nicht allein auf den berühmten Film *Gilda*, sondern das Kunstwerk *Die Dame von Shanghai*, in der Regie von Ehemann Orson Welles. Fast die gesamte Psychologie dieses aufregenden Films liegt in der Szene, in der Mickey O'Hara (Orson Welles) dem Geldverleiher Grisby eine Zigarette anzündet und der sie an Rita Hayworth weiterreicht, die eine umwerfend blonde Mähne hat und einen schwarzen Bikini trägt, eine gefährliche Kombination, die ihresgleichen sucht. Der Rauch (ich muß immer an dieses bekannte Lied denken: *Smoke gets in your eyes*) liegt über Mickeys Augen, während Rita ein erotisches, exotisches Lied singt.

Ob wir Raucher sind oder nicht, wer könnte Gary Cooper vergessen, wie er groß, schlank, schlotterig, mit seinem leicht ironischen Lächeln, auf die Zigarette starrt, die er gleich rauchen wird. Sara Montiel, die spanische Diva, die alles rauchte, was sich rauchen läßt, von Zigarren bis zu Zigaretten, machte ein Lied in dem Film *El último couplé* unvergeßlich. Der Text lautete: »Rauchend warte ich / auf den Mann, den ich liebe.« In der vor ein paar Jahren aufgekommenen Anti-Zigaretten-Kampagne wurde die bekannte Strophe von den Anti-Rauchern abgewandelt: »Rauchend warte ich / auf den Krebs, den ich nicht will.« Und die weltweit berühmte Marlboro-Werbung, in der sich zwei robuste, attraktive Reiter im Sonnenuntergang der weiten Ebene des Westens komplizenhaft und freundschaftlich eine Zigarette anzünden, ist durch eine andere ersetzt worden, in der sie nicht rauchen, und einer sagt: »Joe, ich habe Krebs.«

Das Paar Humphrey Bogart und Lauren Bacall begeisterte die Kinofans durch seine Stärke und Verführungskraft, aber es gab noch zwei andere große Raucher-Paare, die die Herzen des Publikums eroberten: Simone Signoret-Yves Montand und Paul Newman-Joanne Woodward. Letztere führten eine der dauerhaftesten und harmonischsten Ehen in Hollywood (sie waren vierundvierzig Jahre verheiratet), sie haben einige Filme zusammen gedreht, und man hat sie sowohl auf der Leinwand wie auch im wirklichen Leben verschworen und mit Genuß rauchen sehen. Simone Signoret, eine große, häufig unterschätzte Schauspielerin, rauchte auf unwiderstehliche Art (und das war nicht ihre einzige Droge) in einem amerikanischen Film mit dem Titel *Das Narrenschiff*. Ein verliebter Bordarzt, Oscar Werner, verschafft ihr die Drogen und zündet ihr die Zigaretten an. Oscar Werner war, nicht zu vergessen, einer der drei Liebenden des Dreiecks in Truffauts *Jules et Jim*, als Begleiter einer anderen großen Raucherin: Jeanne Moreau.

Marcello Mastroianni und Vittorio Gassman haben in all ihren Filmen geraucht (der unvergeßliche Marcello starb an Lungenkrebs), aber noch ein anderer großer Star rauchte sowohl im Film wie auch im Leben: Katharine Hepburn, gemeinsam mit ihrem alkoholisierten Dauerliebhaber Spencer Tracy, eines der ausdruckslosesten Gesichter, die je auf der Leinwand zu sehen waren, aber mit dem Ruf, ein hervorragender Schauspieler zu sein. Offensichtlich hatte er den Rat von Jean Gabin befolgt, mit dem er eine gewisse Ähnlichkeit hatte. Jean Gabin, der in unzähligen Filmen mitgespielt hatte und eine Art Maestro war, sagte, er habe nur ein einziges Geheimnis: Er würde während des ganzen Filmes nicht eine Miene verziehen, und wenn er sich dazu herabließe, es doch einmal zu tun, dann merke es jeder und bewundere ihn. Ingrid Bergmann, die überwältigende Schauspielerin aus *Casablanca*, läßt sich von dem rätselhaften, undurchsichtigen Charles Boyer in *Triumphbogen*, einem Nachkriegsmelodram, eine Zigarette anzünden. Und *Ganz normal verrückt* versammelte drei illustre Gestalten, Raucher und Trinker: den Regisseur Marco Ferreri, den Schriftsteller Charles Bukowski und den Schauspieler Ben Gazarra.

Die »bösen Frauen« verdienen besondere Erwähnung, denn sie alle rauchten auf unverwechselbare Art. Wenn Lauren Bacall oder Rita Hayworth rauchten, um verführerischer zu wirken, dann taten es die »Bösen«, um ihre Gefährlichkeit zu unterstreichen: Bette Davis, Joan Crawford oder Barbara Stanwyck. Nur eine so bewundernswerte Schauspielerin wie Vivien Leigh konnte rauchen, um damit in dem erwähnten Film *Das Narrenschiff* nicht ihre Stärke, sondern ihre Zerbrechlichkeit zu zeigen, sie ist die perfekte Ergänzung zu Simone Signoret. Auch in *Endstation Sehnsucht* raucht sie hilflos neben einem brutalen, schwitzenden, attraktiven, gnadenlos qualmenden Marlon Brando.

Orson Welles rauchte Zigarren, Havannas und Zigaretten, wie zwei andere berühmte Regisseure: Alfred Hitchcock (auf fast allen Fotos erscheint er mit einer halbaufgerauchten Zigarre) und der wesentlich elegantere Vittorio de Sica, der Zigaretten und Havannas rauchte (Vittorio war außerdem ein hervorragender Schauspieler). In Schweden (aus dem Ingrid Bergmann bereits, ihrer großen Liebe, Roberto Rosselini, folgend, geflohen war) machte eine junge Monika in einem unvergeßlichen Sommer erste Erfahrungen mit der Liebe und der Zigarette (*Ein Sommer mit Monika*). Und es gibt eine Aufnahme von einer kurzen Pause bei den Dreharbeiten zu *Spartacus*, wo man die drei

Hauptdarsteller – Laurence Olivier, Tony Curtis und Peter Ustinov – einvernehmlich rauchen sieht. In Spanien war Ana Mariscal ihrer Zeit weit voraus, nicht nur weil sie Filme zu einer Zeit drehte, in der nur Männer Regisseure waren, sondern weil sie rauchte, als Frauen das noch nicht taten. Sogar die engelhafte Jean Simmons rauchte in *Schwere Jungs und leichte Mädchen*.

Woody Allen ist ein viel zu großer Hypochonder, um sich der Sucht hinzugeben, aber einige seiner Gefährtinnen – im Film wie im Leben – sind leidenschaftliche Raucherinnen: Diane Keaton und Mia Farrow.

Dieselbe Bedeutung von erotischer Verführung hat das Anzünden und Überreichen einer Zigarette in den Filmen über homosexuelle Beziehungen, die in letzter Zeit vermehrt auf der Leinwand zu sehen sind. In *Oscar Wilde* von Brian Gilbert (aus dem Jahr 1997) beginnt ein aufreizender Oscar Wilde (Stephen Frey) den jungen schönen Alfred Douglas (Jude Law) zu verführen, indem er ihm eine brennende Zigarette überreicht und ihn dabei intensiv anschaut.

Thelma und Louise von Ridley Scott (1991) war ein großer Erfolg bei Publikum und Kritik, er wurde zu einem Kultfilm über Solidarität und Freundschaft unter Frauen und die Rebellion gegen den *machismo*. Die Hauptdarstellerinnen Susan Sarandon und Geena Davis rauchen in fast allen Szenen, sie haben immer ein Päckchen griffbereit als Mittel gegen Aggression und Unruhe.

Das Rauchen war eine Gewohnheit, die fast untrennbar mit dem Schreiben verbunden war: Journalisten, Romanciers und Dichter, Männer und Frauen scheinen ihre Phantasie und ihr Talent durch Unmengen von Zigaretten zu beflügeln. Gisèle Freund, eine der größten Fotografinnen des 20. Jahrhunderts, die nahezu ausschließlich Porträtaufnahmen von Schriftstellern, Künstlern und berühmten Politikern machte, verewigte rauchend André Malraux, Henri Michaux, Virginia Woolf, Jean-Paul Sartre, Walter Benjamin, Marcel Duchamp, Mary McCarthy und Julio Cortázar. Die Zeitungsredaktionen, ob klein oder groß, waren echte Rauchzimmer, genau wie das »Zimmer für sich allein« der Schriftstellerinnen und Schriftsteller: George Sand, Baudelaire, Hemingway, Faulkner, Albert Camus, Carson McCullers, Raymond Chandler, Dashiell Hammett, Patricia Highsmith, J. C. Onetti, María Zambrano, Carmen Martín Gaite, Carlos Barral und die meisten ihrer Kollegen.

Als das Rauchen von gemahlenem Tabak – in Form von Zigaretten oder als Schnupftabak – zur eleganten Gewohnheit bei englischen und französischen Dandys wurde, kamen auch einige Accessoires auf den Markt, um den Tabak aufzubewahren und mit sich führen zu können. Einige dieser wunderschön gestalteten Gegenstände werden in Galerien, Museen oder wertvollen Privatsammlungen aufbewahrt. Andere werden der Öffentlichkeit in Tabakmuseen zugänglich gemacht, das bedeutendste ist vielleicht das in Wien. Das *Victoria and Albert Museum* in London ist spezialisiert auf Schnupftabak- und Tabakdöschen; das 1893 gegründete *Alfred Dunhill Museum*, ebenfalls in London, hat eine bedeutende Sammlung an Luxusaccessoires hauptsächlich im Art-Déco-Stil. Des weiteren befindet sich in London im *Imperial War Museum* die beste Sammlung an Feuerzeugen aus dem Ersten und an Zigarettenschachteln aus dem Zweiten Weltkrieg. In Frankreich kann man das *Musée de Tabac* und das *Musée Seita* in Paris besuchen.

Bis zum 18. Jahrhundert bevorzugten die Engländer die Pfeife, aber nach der Seeschlacht von Vigo 1702, als ihre Flotte die der Spanier besiegte und sie eine Ladung von fünfzigtausend Kilo bestem in Havanna hergestelltem Schnupftabak erbeuteten, ersetzte dieser die Pfeife. Da fing man an, Döschen zur Aufbewahrung herzustellen, angefangen von ganz bescheidenen aus Holz, bis hin zu luxuriösen aus Silber oder Gold. Einige sind wahre Kunstwerke. Es gab auch schöne Dosen aus geschnitztem Elfenbein; sie kamen beim französischen Adel während der Herrschaft von Louis XIV. in Mode.

Mit der zunehmenden Verbreitung des Rauchens in der zweiten Hälfte des 19. Jahrhunderts entstand eine große Nachfrage nach Tischfeuerzeugen, die häufig aus Silber oder Bronze waren und originelle Zeichnungen trugen, von dem berühmten chinesischen Drachen bis zur nicht weniger berühmten venezianischen Gondel.

Die Taschenfeuerzeuge kamen in den letzten Jahrzehnten des 19. Jahrhunderts auf und verbreiteten sich schnell. Es gab sie in allen möglichen Materialien und verschiedenen Marken, eines der meistverkauften in der Welt war das *Zippo*, von dem es viele verschiedene Modelle gab. Man konnte es leicht an seiner einfachen, rechteckigen Form erkennen, es hatte ein verchromtes oder versilbertes Gehäuse, und es hatte diesen typischen Klipp zum Anzünden. Das Modell wurde 1933 von der *Zippo Manufacturing Company* entworfen und war berühmt für seine Zuverlässigkeit, die leichte Bedienung und den erschwinglichen Preis. Es zog wegen der vielen Zeichnungen sofort die Sammler an: von Firmenlogos bis zu Heereszeichen, Gedenken an historische Ereignisse und Jahrestage. Es gab auch Zippo-Feuerzeuge mit Bildern von Pflanzen und Tieren. Das mit dem Bild und dem Autogramm von Elvis Presley, das anläßlich seines zehnten Todestages herauskam, ist eins der berühmtesten und begehrtesten unter den Sammlern. Es ist das einzige Feuerzeug, bei dem seit 1957 jedes Exemplar das Herstellungsdatum trägt, was für Sammler sehr wichtig ist.

Zigarettenetuis waren im 19. Jahrhundert ebenfalls elegante, aufwendig gestaltete Gegenstände aus Silber, Gold oder Emaille, und auch hier findet sich manch kleines Meisterwerk. Eine Zigarette aus einem dieser prächtigen Etuis mit Landschaften, geometrischen Motiven oder anderen Verzierungen zu ziehen war außerordentlich elegant und unterschied den distinguierten, verführerischen Raucher von dem gewöhnlichen Arbeiter in der Fabrik oder in den Minen. Es war ein Zeichen einer bestimmten sozialen Klasse. Mit der Demokratisierung des Rauchens im 20. Jahrhundert wurden die teuren Etuis aus Silber oder Gold durch welche aus Leder oder Plastik ersetzt, volkstümlicher und für jeden Geldbeutel erschwinglich.

Ein weiteres Accessoire, das zur Eleganz und zum rituellen Charakter des Rauchens beitrug, waren die Zigarettenspitzen. Ob lang oder kurz, einfach oder verziert, mit Gold- oder Silberfilter, das Rauchen mit Zigarettenspitze wurde zu einem Code der Verführung, der bis heute Gültigkeit hat.

Die Sinnlichkeit des Rauchens ist nicht nur im Kino, in der Werbung und in der Literatur gegenwärtig. Wie sollte sie da nicht auch die Musik prägen? Besonders die städtische Musik, wie den Tango oder den Jazz, denn Rauchen war vornehmlich ein Laster oder eine Leidenschaft der Städter, nicht wegzudenken aus Cafeterias, Bars, Kasinos, Salons, Tanzsälen, Billardkneipen, also für die Zeit der Muße. Die Muße als Aktivität und nicht als Betrachtung ist eine Erfindung, die in den Städten aufkam, nicht auf dem Land.

Die Zigarette ist in vielen Liedtexten in Tango, Blues oder Jazz präsent. Aber vielleicht ist die berühmteste Komposition von allen eben der Tango *Fumando espero* (Rauchend warte ich), aus dem Jahre 1922 mit der Musik von Juan Viladomat und dem Text von Félix Gazo. Dieser Tango hatte sofort großen Erfolg, aber seit dem Film *El último couplé*, wo er auf unvergeßliche Weise von Sarita Montiel gesungen wurde (bis dahin war Carlos Gardel der berühmteste männliche Interpret gewesen), wurde er zu einem Symbol. Der Text ist eine wunderbare Mischung aus Leidenschaft und Kitsch, aber als er 1922 geschrieben wurde, dürfte er als ziemlich skandalös empfunden worden sein, auch wenn die zwanziger Jahre besonders freizügig und rasant waren. Im Text heißt es: »Rauchen ist ein geniales, sinnliches Vergnügen« (das Adjektiv »genial« mag in diesem Fall ungewöhnlich erscheinen, aber man darf nicht vergessen, daß es am Río de la Plata oft als Synonym von wunderbar verwendet wird). »Rauchend warte ich / auf den Mann / den ich liebe / hinter den Scheiben / fröhlicher Fenster. / Während ich rauche / zehre ich nicht von meinem Leben« (dieser letzte Vers wurde von den Tabakgegnern satirisch als Paradigma für den Irrtum der Raucher aufs Korn genommen: Rauchen zehrt sehr wohl am Leben. Aber alles andere auch) »denn der schwebende Rauch / wiegt mich in den Schlaf« (die Böswilligen haben bestimmt daraus abgeleitet, daß der Liedtexter und Sarita Montiel im Film *etwas anderes* rauchten). »Auf der chaise longue / träumen und lieben. / Meinen Geliebten sehen / zuvorkommend und galant / seine Lippen spüren / wie sie wissend küssen / und den Liebesrausch / noch größeres Verlangen spüren / wenn ich seine Augen sehe / hungrig nach Leidenschaft. / Wenn mein Herzblatt da ist / ist Rauchen ein Paradies« (die Metapher ist zweifellos kitschig, aber sehr illustrativ). »Gib mir den Rauch aus deinem Mund« (die Liebenden tauschen den Rauch ihrer Münder ebenso aus, wie sie ihre Gerüche, ihren Schweiß, ihre Sekrete austauschen: Kein Lied hatte bis dahin mit solcher Sinnlichkeit das Ritual der rauchenden Liebenden beschrieben). »Los, das macht mich verrückt. / Komm, ich will vor Lust verrückt werden / die Wärme spüren / dieses betörenden Rauchs / der die glühende Flamme / der Liebe entzündet hat.« (Wenn die älteste Metapher für die Leidenschaft das Feuer ist, was kann es dann Besseres geben, als eine Zigarette anzuzünden und sie zu rauchen, um mit ihr zu brennen, zu glühen, sich zu verzehren … bis in den Tod oder den Wahn, die bevorzugten Themen der Romantik.) »Meine Ägyptische ist speziell« / (es gab damals ägyptische Zigaretten, aber unter diesem Namen waren gemeinhin auch die Hasch- oder Marihuanazigaretten bekannt, ein weiterer Grund, den diejenigen anführen, die behaupten, die Zigarette im Tango und die von Sarita Montiel bestünde nicht allein aus Nikotin) »was für ein Aroma, Señor. / Nach der Schlacht / die die Liebe entfacht / ist eine Zigarette / immer ein Erholungspäuschen« (jetzt sind wir bei der besten Zigarette von allen angekommen, bei der, die man nach dem Liebesakt oder dazwischen raucht) »und obwohl es scheint / als würde der Körper ermatten / nach der Zigarette wächst / seine Kraft, seine Energie« (die klassische Formel des Liebesaktes: ein Weilchen ausruhen, eine Zigarette rauchen, und dann zu neuer Leidenschaft erwachen). »Die unruhige Stunde / mit ihm ist ohne Qual« (gemeint ist der Tabak, nicht der Geliebte. Kein Lied hat besser den beruhigenden Effekt der Zigarette als Begleiter zum Ausdruck gebracht. Die Tabakgesellschaften hätten

Félix Gazo für den Rest seines Lebens eine Pension zahlen müssen). »Seine Spiralen sind himmlische Träume / sie bilden Wolken / die in die Seligkeit führen« (also vom Rauch in die Ewigkeit) »und darin eingehüllt / ist der Funke ein Stern / der hell und klar / einen Moment aufblitzt. / Ist mein Herzblatt da / ist das Rauchen ein Paradies. / Gib mir den Rauch aus deinem Mund. / Los, das macht mich verrückt. / Komm, ich will vor Lust verrückt werden / die Wärme spüren / dieses betörenden Rauchs / der die glühende Flamme / der Liebe entzündet hat.«

Es gibt noch andere Tangos, in denen geraucht wird, obwohl das zweifellos der berühmteste ist. Aber ich möchte noch *Cafétín de Buenos Aires* erwähnen, Musik von Enrique Santo Discépolo und Text von Mariano Mores, wo es in der ersten Strophe heißt: »Du warst wie eine Schule aller Fächer / und gabst meiner staunenden Jugend / die Zigarette, den Glauben an meine Träume / und eine Hoffnung auf Liebe.« Lebensphilosophie: rauchen – lieben – warten.

Unter allen zeitgenössischen Jazz-Musikern ist vielleicht Tom Waits der hartnäckigste Raucher und Trinker; seine rauhe Säuferstimme, wie er im Hemd, immer mit einer Zigarette zwischen den Lippen dasteht, ist das Symbol einer ebenso rauhen Romantik, in der man sich nicht mehr umbringen will wie der junge Goethe oder die *Beatniks*, aber den Tod ständig umkreist. In Spanien hat Joaquín Sabina, der ständig verliebte Troubador und Systemkritiker, ebenfalls in der Zigarette ein nicht wegzudenkendes Emblem gefunden … bis zum Infarkt. Manchmal kann uns nur der Infarkt von der Zigarette scheiden, aber nicht immer. Etwas, das uns so am Herzen liegt, darf bei der künstlerischen Arbeit nicht fehlen.

Die populäre Musik war durchtränkt vom Rauch Tausender Zigaretten, von Pianisten geraucht, während die Asche auf die Tasten fiel, von Komponisten während der stundenlangen Improvisationen, von Sängern, obwohl es ihren Kehlen gewiß geschadet hat: Frank Sinatra hat geraucht, genau wie seine Freunde, Dean Martin und Sammy Davis Junior; Yves Montand genau wie Vinicius de Moraes oder Joan Manuel Serrat; Carlos Gardel hat geraucht, und auf dem Friedhof *La Chacarita*, wo ein Denkmal von ihm steht, fehlt nie die Zigarette in seiner Hand, die seine Bewunderer ihm zustecken. Marianne Faithfull hat alles geraucht, was ihr zwischen die Finger kam, genau wie Edith Piaf oder Milva, die große Interpretin der Lieder von Bertolt Brecht und einer unvergleichlichen Version von *Johnny Guitar*. Bis vor kurzem war eine Jazz-Session ohne Rauch oder ein Tango-Abend ohne die in tristen Metallaschenbechern ausgedrückten Kippen unvorstellbar. Das Rauchen war nicht nur eine Sucht, die Zigarette hatte ihre eigene Erotik und Ästhetik.

LEBEN, UM ZU RAUCHEN

In den Vereinigten Staaten war die letzte Zigarette, die man dem zum Tode Verurteilten gewährte, eine Tradition, ein angestammtes Recht, bis vor kurzem der Gouverneur von Alabama, einem der strengsten Staaten, was die Anwendung der Todesstrafe angeht, diese »aus gesundheitlichen Gründen« (ein wirklich bemerkenswertes Paradox) verbot. Dem zum Tode auf dem elektrischen Stuhl oder durch Giftinjektion auf der Bahre Verurteilten wird das letzte Vergnügen genommen: eine Zigarette zu rauchen. Ich weiß nicht, welche Wirkung die Entziehung dieses Rechts bei den Verurteilten hat, aber ich kann mir leicht vorstellen, daß sie sich noch verlassener, noch hilfloser fühlen. Die Zigarette hat psychologisch die Funktion eines Lustgewinns, einer Belohnung nach großer Anstrengung: Die Minenarbeiter rauchten, nachdem man sie aus der verschütteten Grube gerettet hatte, die Überlebenden einer Natur- oder vom Menschen verursachten Katastrophe, die im Krieg Verwundeten rauchten und baten die Chirurgen nach einer schwierigen Operation um eine Zigarette (obwohl das nicht gern gesehen wurde, aus Angst, der Puls könne nachlassen), Studenten rauchen nach dem Examen, Soldaten nach einem Gefecht. Einem zum Tode Verurteilten oder jemandem, der einen schlimmen Moment durchlebt oder noch vor sich hat, eine Zigarette zu reichen galt als Geste der Kameradschaft, der Freundschaft, der Solidarität. Im Kodex der Raucher ist das Teilen oder Anbieten der Zigarette ein Zeichen von Vertrauen, von überwundener Feindseligkeit. Diese Bedeutung geht möglicherweise auf die Eingeborenenstämme Süd- und Nordamerikas zurück, die als Zeichen der Verhandlungs- oder Gesprächsbereitschaft die »Friedenspfeife« reichten. Die ersten weißen Männer, die dieses Ritual beobachteten, unterwarfen sich ihm, denn es bedeutete Waffenstillstand, die Möglichkeit, zu einer Übereinkunft zu kommen. Und während unter den Amerikanern und Europäern die Rauchleidenschaft immer weiter Verbreitung fand, bewahrte die Geste, eine Zigarette zu teilen oder dem anderen anzubieten, diese Bedeutung.

Bei der Beziehung zwischen Mann und Frau (das gilt natürlich ebenso für homosexuelle Beziehungen) bekam das Anbieten, Anzünden und Annehmen der Zigarette eine erotische Konnotation. In *Agatha*, einem Film aus dem Jahre 1979 des wenig bekannten Regisseurs Michael Apted, der die Abenteuer der berühmten puritanischen Schriftstellerin Agatha Christie im Jahr 1926 erzählt, in dem sie aus dem öffentlichen Leben verschwand und sich auf geradezu mysteriöse Weise in Luft auflöste (in dem Fall hat die Metapher nichts mit dem Rauchen zu tun, so leid es mir tut), bietet Dustin Hoffman Vanessa Redgrave (einer wesentlich hübscheren Agatha Christie als der echten) eine Zigarette an, und diese weist das Angebot vor Entrüstung zitternd und schamrot im Gesicht zurück. Was schwang da in der Geste mit, das die begehrliche und sexhungrige Schriftstellerin so erschaudern ließ? Es schwang mit, daß, wenn ein Mann einer Frau eine Zigarette anbietet, er ihr in Wirklichkeit etwas anderes suggeriert, vorschlägt.

Im Kino und im wirklichen Leben haben viele erotische Begegnungen durch eine Einladung zu einer Zigarette angefangen, so wie sie früher mit einer Aufforderung zum Walzer anfingen. Die geteilte Zigarette war eine Art stillschweigender Übereinkunft, Komplizenschaft. Deswegen ging die Einladung immer vom Mann aus. Er riskierte es, abgewiesen zu werden, wenn er die weiße Zigarette offerierte und die Frau dabei vielsagend anschaute. Humphrey Bogart und Lauren Bacall waren das am suggestivsten rauchende Paar in der Geschichte des Kinos, und der wortlose Dialog, den sie über die Zigarette führten, war das reinste Handbuch der Verführung.

Einige Frauen haben die Beziehung zwischen der Zigarette und dem Mann, den sie lieben, so sehr erotisiert, daß sie nur rauchen, wenn er ihnen die Zigarette anbietet. Ich erinnere mich an ein bewundernswertes Schriftstellerpaar: Claribel Alegría und Bud Flakoll, sie Dichterin aus Nicaragua und er Exdiplomat der Vereinigten Staaten (er durfte nicht mehr in sein Land zurückkehren, weil er sich geweigert hatte, während seiner Zeit als Militärattaché in Lateinamerika mit der CIA zusammenzuarbeiten). Als ich sie kennenlernte, lebten sie in Deia auf Mallorca im Exil. Sie waren beim Premio Seix Barral 1994 mit *Cenizas de Izalco*, einer erschütternden Dokumentarchronik über die Abschlachtung von Indios, unter den Finalisten gewesen. Claribel (Julio Cortázar nannte sie wegen ihres fröhlichen karibischen Temperaments stets liebevoll »Cascabel«) rauchte Zigaretten mit blondem Tabak, hatte aber nie welche dabei und kaufte sich auch nie welche. Sie pflegte jedes Gespräch (ob es um den nächsten Guerilla-Angriff auf León ging, um die Stadt von der Somoza-Diktatur zu befreien, oder um den letzten Roman ihres Freundes Vargas Llosa) mit dem Satz zu unterbrechen: »Buddy, hast du ein Zigarettchen für mich?« Und Bud, der geduldige Wikinger (seine Vorfahren waren Norweger), der Verliebte, griff in die Tasche seines tadellosen weißen Hemdes, zog eine Zigarette hervor, gab sie ihr und schaute ihr dabei in die Augen. Es war eine leicht befremdliche Gewohnheit für alle, die wir dabeisaßen, ein privates Band eben, ein Ritual.

In meiner Generation fehlten beim Sex nie die Zigarettenpäckchen. Man rauchte, bevor man miteinander ins Bett ging, und während des Vorspiels – ein schreckliches Wort für die erotischen, sinnlichen Spielchen, die genauso wichtig oder vielleicht sogar wichtiger sind als der Koitus selbst. Man sollte von »Vergnügungen«, »Abschweifungen«, »Träumereien« sprechen. Manchmal rauchten wir sogar *während* des Liebesaktes – wie oft haben der Mann oder die Frau, um den Orgasmus zu verzögern, sich eine Zigarette angezündet, bevor sie im Geiste die komplette Liste der westgotischen Könige aufzählten – immer aber nach dem Orgasmus. Das war vielleicht die beste Zigarette von allen. Wenn es sich nicht um einen besonders rohen Mann handelte, der sofort einschlief, streckte er die Hand zum Nachttisch aus, zog eine Zigarette aus der Schachtel und überreichte sie angezündet der Frau, die glücklich und befriedigt an seiner Seite ruhte – und war sie es nicht, dann war das auch nicht so wichtig: Frauen haben immer sehr auf den männlichen Narzißmus Rücksicht genommen, denn sie wissen, daß man sehr behutsam damit umgehen muß. Sie nahm einen langen, tiefen Zug und gab sie ihm zurück. Die nordamerikanischen Feministinnen der siebziger Jahre behaupteten, Männer würden nur ein Vergnügen kennen: mit Frauen zu schlafen, sonst nichts, und andere fügten hinzu: und danach eine Zigarette zu rauchen. Die Zigarette nach dem Koitus war ein Ritual, das das glühende Verschmelzen der Körper noch verlängerte, wenn diese schon wieder getrennt waren, sie fungierte als eine Art Nabelschnur. Nur die unabhängigeren Männer oder Frauen entzündeten nach der Liebe ihre eigenen Zigaretten, und in diesem Fall hatte der Akt eine klare symbolische Bedeutung von Bruch, Trennung, Rückkehr zur Individualität, zum Ich. Wenn die geteilte Zigarette verband, dann trennte die allein gerauchte. In meinem Buch *Desastros íntimos* gibt es eine Erzählung mit dem Titel »Die schönste Woche in unserem Leben«, in der es um zwei ineinander verliebte Frauen geht; die Feindseligkeiten beginnen, als eine von beiden – diejenige, die raucht – die Hand ausstreckt und nach ihrer Peter-Stuyvesant-Schachtel greift. Die, die nicht raucht, versteht den Sinn dieses individualistischen, einzelgängerischen Aktes und verlangt auch eine Zigarette. »Aber du rauchst doch gar nicht«, sagt die andere, was ja auch stimmt; indem sie zu rauchen versucht, will die Nicht-Raucherin sich dem beginnenden Zerwürfnis verweigern. Sie hat die Hoffnung, daß, wenn sie mit ihrer Geliebten rauchen würde, sich zwischen ihnen das Vertrauen und die Liebe wieder einstellen könnte.

Vorausschauende Liebende haben immer ein Kondom und eine Schachtel Zigaretten in der Tasche, denn es gibt zwei fatale Dinge im Leben: wenn dir beim Liebesakt das Kondom oder die Zigarette fehlt. (Eine Freundin von mir, eine Anhängerin langer, sinnlicher Liebesorgien, legte sich als praktische Maßnahme eine Stange unter das Bett. So war immer für Stimulation gesorgt, fand sie.)

Es gibt keine Zigarette, die der nach dem Koitus vergleichbar wäre, das haben wir Raucher immer gesagt. Es ist die, die man in großen Zügen einsaugt, die am besten schmeckt, denn sie erscheint einem erfüllt von den Körpergerüchen und den Sekreten der Organe und Drüsen. Der inhalierte Rauch dringt durch alle offenen Poren und entspannten Muskeln ein. Das Nikotin scheint noch schneller ins Hirn zu dringen. Manchmal ist der Genuß dieser Zigarette so immens, daß es einem vorkommt, als sei es die längste, die man je in seinem Leben geraucht hat. Während der Zeit, in der ich versuchte, mit dem Rauchen aufzuhören, befiel mich bei dem Gedanken, nach der Liebe keine Zigarette mehr rauchen zu können, Angst. Ich notierte in mein Tagebuch: »Ist es möglich, daß ich in meinem ganzen Leben immer nur Sex gehabt habe, um danach diese spezielle Zigarette rauchen zu können?« Es handelt sich natürlich um eine Verschiebung. Wenn wir den Liebesakt mit der Zigarette assoziiert haben, dann nimmt das Wissen, daß wir *danach* nicht mehr rauchen werden, ihm das Libidinöse. Ich habe aufgehört zu rauchen, nicht zu lieben, aber ich erinnere mich, als ich die ersten Male danach nicht mehr rauchte, fehlte mir etwas; der Affe, der Tabakentzug minderte die sexuelle Lust. Zum Glück hatte mein Partner kurz zuvor ebenfalls aufgehört, sonst wäre es eine doppelte Qual gewesen. Die Optimisten sagen, auch wenn der Liebesakt, ohne zu rauchen, anfangs weniger befriedigend sei, gebe es doch unbestreitbare Vorteile: Kein heftiger Hustenanfall überfällt uns mitten in einem leidenschaftlichen Kuß, man keucht aus Erregung und nicht wegen der rasselnden Bronchien, und die Männer behaupten, nicht zu rauchen steigere ihre Potenz. Es war wegen der Hustenanfälle während des Liebesaktes, daß ich mich zum erstenmal ernsthaft mit der Notwendigkeit auseinandersetzte, mit dem Rauchen aufzuhören. Ich fand sie unästhetisch, peinlich, aber wenn ich mir vorstellte, auf das Rauchen nach dem Liebesakt verzichten zu müssen, wurde die Absicht gleich schwächer.

Die Lust, nach dem Liebesakt zu rauchen, ist so stark, daß viele Nicht-Raucherinnen nur in diesem Moment rauchen, um die Zigaretten mit dem Mann zu teilen, den sie lieben. (Den umgekehrten Fall kenne ich nicht, aber vielleicht kommt auch das vor, wenngleich seltener.)

Als ich mit dem Rauchen aufhören wollte, folgte ich – vollkommen unnütz – den Anweisungen eines Selbsthilfebuchs. Dort hieß es: »Schreiben Sie alle Aktivitäten auf ein Blatt Papier, die Sie mit dem Rauchen assoziieren.« Ich habe das Blatt noch, mit allen persönlichen Notizen, die ich sogleich verfaßte.

- *Aufwachen.* Schlaftrunken in der Dunkelheit liegend, ist die Lust auf die Zigarette der größte Reiz, um aufzustehen.
- *Frühstücken.* Während ich den Kaffee zubereite, den ich mit ein wenig Milch verlängere, genieße ich den wunderbaren Geruch der gemahlenen Bohnen, den ich immer mit der ersten Morgenzigarette versüße. Ich vermische den Geschmack der Zigaretten gern mit anderen: mit Kaffee, Zukker, Süßigkeiten. Während ich *zwei* Kaffee trinke, rauche ich *zwei* Zigaretten.
- *Zeitung lesen.* Ich beginne den Tag gern mit Zeitunglesen; ich fange immer auf der letzten Seite an, wo die interessantesten Kolumnen stehen, aber während ich die Zeitung lese, wird meine Weltsicht düster, schrecklich, deprimierend: Hungersnot in Afrika, sich bekriegende Rassen und Ethnien

in Europa, Korruption in Italien, Argentinien, Mexiko, Kolumbien. Gewalttätige Männer, die ihre Frauen, Freundinnen, Geliebten, Nachbarinnen totprügeln. Börsencrash und Flüchtlinge, die ertrinken, bevor sie die Küste erreicht haben. Das ist der Moment, wo ich mir eine Zigarette anzünde, um die schlechten Nachrichten zu vergessen und mir einen Lustgewinn zu verschaffen.

– *Warten in der Schlange auf dem Markt*. Ich verstehe sehr gut, daß es eine wenig reizvolle Aufgabe ist, Fleisch zu schneiden oder Kartoffeln abzufüllen, also muß man ein wenig mit den Kunden plaudern, das verbessert den zwischenmenschlichen Kontakt, aber ich warte nicht gerne, ich zähle die Minuten, die ich täglich verliere, wenn ich Käse oder Fisch kaufe, und dann ziehe ich eine Zigarette aus dem Päckchen und rauche sie genüßlich, *fumando espero al charcutero* (»rauchend warte ich auf den Metzger«).

– *Schreiben*. Bis vor kurzem kam mir keine Idee, fiel mir kein Satz, kein Bild, kein Vers ein, ohne daß ich eine Zigarette in der Hand oder zwischen den Lippen hatte. Die Aufregung, bevor ich das Blatt in die Maschine spannte oder den Computer anmachte, steigerte sich durch das Rauchen beachtlich. Nikotinschübe überschwemmen das Gehirn in nur sieben Sekunden. Nichts hat bei mir je so schnell den Weg vom Mund ins Hirn gefunden, ausgenommen vielleicht die Muttermilch, obwohl ich nicht sicher bin, daß die Muttermilch ins Hirn kommt, vielleicht ein paar Substanzen, aber was noch schlimmer ist: Ich glaube, ich wurde mit der Flasche großgezogen, was psychoanalytisch meine Abhängigkeit von der Zigarette erklären könnte, meiner Ersatzbrust. Was sollte ich ohne meine weiße, mit dem Filter gepolsterte Brustwarze tun? Wie sollten mir je eine Idee, ein Satz, ein Bild oder ein Vers ohne Zigarette einfallen? Ich hatte ihnen ja nie Gelegenheit dazu gegeben.

– *Im Restaurant, vor dem Essen.* Ich bin ungeduldig und hasse es, auf das Essen zu warten, für mich war das immer Zeitverschwendung. Als gute Raucherin hat die Zigarette für mich einen intensiveren *Geschmack* als das Essen. Wenn mir nichts anderes übrigbleibt, als irgendwo zu Mittag zu essen, dann rauche ich, während ich auf das Kotelett mit Salat warte, eine Zigarette, um die Unruhe zu bekämpfen.

– *Im Restaurant, zwischen den Gängen.* Ich nehme meistens nur einen Gang zu mir, aber ich liebe Desserts, und die Desserts dauern in den meisten Restaurants ziemlich lange. Die Kellner sind viel zu sehr damit beschäftigt, Wein, gebratenes Lamm oder gegrillten Fisch zu servieren, um sich auch noch um mich zu kümmern, die ich immer nur Wasser trinke und gebratenes Fleisch esse.

– *Im Restaurant, nach dem Nachtisch.* Süßspeisen haben in mir schon immer die Lust auf Zigaretten geweckt, der Geschmack von Sahne oder Sirup, vermischt mit dem verbrannter Tabakfasern, ist Ambrosia für mich.

– *An der Bushaltestelle.* Aus irgendeinem unerklärlichen Grund bin ich immer genau eine Minute vor dem Bus an der Haltestelle; und um die unangenehme Wartezeit zu überbrükken, zünde ich mir eine Zigarette an; damit vermeide ich auch, mit den Unbekannten dort sprechen zu müssen.

– *Vor dem Kino.* Für mich war es immer ein großes Opfer, während der Kino- und Theatervorstellungen nicht rauchen zu dürfen, besonders, wenn man den Umstand berücksichtigt, daß die Schauspieler alle rauchen: Cary Grant, Jeanne

Moreau, Marilyn Monroe, Robert Redford, Robert de Niro, Jeremy Irons, Sergi López und Juliette Binoche. Bevor ich ins Kino gehe, muß ich ein paar ordentliche Zigaretten rauchen, um den Affen zu ertragen, unter dem ich während der neunzig Minuten vor der Leinwand leide.

– *Nach dem Kino.* Kann sich jemand vorstellen, daß man, nachdem man neunzig Minuten, ohne zu rauchen, mit seinen Lieblingshelden gelitten, den Galan oder die Schönheit vergeblich begehrt und so unterschiedliche Emotionen wie Angst, Sympathie, Schmerz oder Freude durchlebt hat, einfach so auf die Straße hinausgeht und sich keine Zigarette anzündet, wenn im Saal die Lichter angehen?

– *Gesellschaftliche Anlässe.* Bei gesellschaftlichen Anlässen, wo der soziale Aspekt im Vordergrund steht und meine wenig soziale Ader zutage tritt, weil mir fast alle Menschen und Gespräche zuviel sind und ich nur noch gehen will, gibt es nichts Besseres, als ununterbrochen zu rauchen. Dann sind nicht nur die Hände beschäftigt, die sonst nicht wissen, ob sie sich einem möglichen künftigen Feind zum Gruß entgegenstrecken oder in der nicht vorhandenen Tasche bleiben sollen, sondern der Rauch, den ich und die übrigen Teilnehmer ausstoßen, schafft eine Barriere zwischen mir und den anderen, die verhindert, daß andere auf mich zukommen oder das Wort an mich richten. Ein guter Raucher raucht und spricht nicht gleichzeitig. Entweder das eine oder das andere.

– *Nervosität.* Da ich ein von Natur aus nervöser Mensch bin, gibt es unzählige Gelegenheiten, bei denen ich aus ebendiesem Grund rauche. Wenn ich zum Arzt oder Zahnarzt muß, wenn ich auf einen Anruf warte, wenn der Gasboiler kaputt ist, wenn ich einen Brief aufmache, wenn ich einen Brief schreibe, wenn man ein Interview will, wenn man keins will, wenn man ein Foto von mir macht, wenn mir der Rücken wehtut, wenn meine Fußballmannschaft gewinnt, wenn sie verliert, wenn ich auf Besuch warte, wenn ich einen Besuch mache, wenn mein Artikel für die Zeitung noch nicht fertig ist, wenn er fertig ist, aber das Fax einen Stau hat, wenn ich Koffer packen muß, weil ich verreise, oder ihn auspacken muß, weil ich von einer Reise zurückkomme.

– *Arbeitsessen*. Arbeitsessen sind immer eine Tortur. Man muß sich intelligent geben (aber nicht zu sehr: der Verleger oder die Verlegerin könnten sich erschrecken und zu dem Schluß kommen, meine Bücher seien nur für eine kleine Minderheit geschrieben, ein Luxus, den sie sich nicht leisten können) und sympathisch, aber wie sehr? Ist es zuwenig, wirke ich von oben herab, ist es zuviel, anbiedernd. Man muß sich verbindlich oder distanziert zeigen, je nachdem. Es ist immer besser, eine brennende Zigarette in der Hand zu haben oder die anzunehmen, die der Verleger oder die Verlegerin einem anbieten, obwohl, am besten bietet man selbst eine an, das ist immer ein Zeichen von Unterwerfung.

– *Mit Freunden oder Freundinnen*. In den Momenten, in denen wir uns von einer großen Enttäuschung oder, im Gegenteil, von einer phantastischen Liebesnacht erzählen.

– *Wenn ich bis spät in die Nacht arbeiten muß, um wach zu bleiben*. Eine Thermoskanne mit Kaffee, eine Schachtel Zigaretten, und ich brauche die ganze Nacht keinen Schlaf.

– *Wenn ich früh einschlafen will*. Einen Baldriantee, eine Zigarette, und dann marsch ins Bett. (Mit einem Buch auf dem Nachttisch, falls es nicht klappt.)

– *Bei einem Rendezvous.* Ob in der Cafeteria, an der Uferstraße, im Kino, in der Oper oder auf der Museumstreppe, das Treffen wird spannender, wärmer, intimer, wenn ich eine oder mehrere Zigaretten rauche. Im allgemeinen mehrere, unter anderem, weil die Leute, mit denen ich mich treffe, ebenfalls rauchen.
– *Wenn ich telefoniere.* Kaum habe ich es klingeln gehört, zünde ich mir, noch bevor ich abhebe, eine Zigarette an. Kein Gesprächspartner soll mich ohne meinen Phallus zwischen den Lippen erwischen. Ist das Gespräch liebevoll, angenehm, dann um das Vergnügen zu steigern; handelt es sich um einen unerwünschten, heiklen, ärgerlichen Anruf, dann um mich zu entspannen und den Ärger zu kompensieren.
– *Vor dem Liebesakt.*
– *Nach dem Liebesakt.*

Ich war sehr ehrlich, als ich dem Vorschlag des Selbsthilfebuches nachkam, aber ich hatte den Verdacht, daß ich eine Vielzahl von Aktivitäten, die ich mit der Zigarette assoziiere, vergessen hatte, also kam mir der Gedanke, ich hätte mir lieber folgende Frage stellen sollen: »Welche Aktivität des täglichen Lebens assoziieren Sie *nicht* mit der Zigarette?« Meine Antwort wäre gewesen »keine«, und der Test wäre schnell beendet gewesen.

Das Selbsthilfebuch riet, die mit dem Rauchen assoziierten Aktivitäten erst einmal *einzustellen.* Mir wären dann genau zwei Möglichkeiten geblieben: a) aufs Land ziehen; b) sterben.

Aufs Land ziehen hätte freilich auch nicht geholfen, denn ich rauche sehr gerne bei Sonnenauf- und Sonnenuntergang, während ich beobachte, wie das Gras wächst oder die Ameisen vorbeiziehen. Obwohl der Geschmack der an der frischen Luft gerauchten Zigarette nie mein bevorzugter war – die Zigarette ist für private, geschlossene Räume, für die Intimität gedacht, wie Spielhöllen, Cafés, Bordelle, Tanzsäle, Klassenräume –, waren dann zumindest die Hände und die Phantasie beschäftigt.

Was das Sterben angeht, so verspürte ich keinerlei Wunsch danach, aber es schien der einzige Akt zu sein, der für mich *nicht* mit der Zigarette verbunden war, auch wenn ein berühmter Slogan, den ich auf Montevideos Wänden gelesen hatte, behauptete: »Zigaretten töten langsam.« Irgendein kluger Kopf hatte den Satz darunter gesprüht: »Ich habe keine Eile.«

Ich kannte ein paar Raucher und Raucherinnen, die sagten, daß es Gelegenheiten gebe, bei denen sie nicht gerne rauchten. Zum Beispiel während des Essens oder auf Beerdigungen. Manche Raucherinnen rauchten nicht gerne in Krankenhäusern oder wenn sie schwanger waren, aber ich gehörte schon zu der Klasse von Rauchern, die all diese Widerstände überwunden hat: Ich rauchte immer gerne, an jedem Ort, zu jeder Zeit, und manchmal wachte ich nachts auf und rauchte. (Ich gehörte zu denen, die sagen, daß auf einem Nachttisch vier Dinge nicht fehlen dürfen: ein Gedichtband, ein Notizblock, eine Schachtel Zigaretten und das Feuerzeug.) Nicht einmal wenn ich krank war, hörte ich auf zu rauchen: Ich habe zahlreiche Grippen, Katarrhe und Erkältungen in bewußter Begleitung der Zigarette überstanden. Mehr noch: Als ich mich vor fünfzehn Jahren einer heiklen Operation unterziehen mußte, sagte der Chirurg, ich sollte eine Woche vor dem Termin das Rauchen einstellen. Aber nein. Ich rauchte, bis man mich in den OP schob. Meine

Philosophie war die folgende: Ich konnte durch einen Fehler des Anästhesisten, des Chirurgen, meines Herzens, meiner Milz, meiner Lungen oder meines Gefäßsystems sterben, warum sollte ich dann nicht vorher noch eine Zigarette rauchen? Sogar den zum Tode Verurteilten gewährt man eine letzte Zigarette. Und ist nicht jeder, der lebt, über kurz oder lang, ein zum Tode Verurteilter? Ja, die Zigarette verkürzt das Leben, aber welche Jahre nimmt sie mir? Die des Alters? Wahrscheinlich hätte es mir nicht gefallen, wenn man mir beispielsweise die Jahre zwischen dreißig und vierzig genommen hätte, aber ich war damals nicht sicher, ob ich die zwischen siebzig und achtzig erleben wollte. Je näher ich diesem Alter unweigerlich komme, um so mehr möchte ich diese Jahre erleben. Wie wir doch die raren Güter schätzen! Kommt uns das Leben lang vor, sind wir bereit, es zu verlieren, erscheint es uns kurz, kämpfen wir darum, es zu erhalten.

In seinem Tagebuch *Tage ohne zu rauchen* (Barcelona 1989) notiert der scharfsinnige Vicente Verdú: »Ich habe das Bedürfnis zu rauchen, aber ich kann, ohne zu rauchen, leben, wenn ich meine Gefühle niederschreibe. Obwohl, offen gesagt, das einzig Nennenswerte, was ich empfinde, wenn ich nicht rauche, das Verlangen zu rauchen ist.«

Die einzige Form, in der ich in den vielen Jahren meine Sucht zu kontrollieren versucht habe, betraf die Anzahl der gerauchten Zigaretten: Ich habe versucht, nicht mehr als eine Schachtel täglich zu rauchen. Nicht immer habe ich das geschafft (in einer extrem schmerzlichen Phase meines Lebens habe ich drei Schachteln täglich geraucht. Das Rauchen nahm mir den Schmerz und die Unruhe), aber zwanzig Zigaretten täglich waren eine gut auf meine Bedürfnisse zugeschnittene

Dosis. (Vor kurzem hat die spanische Marke *Fortuna* eine Schachtel mit fünfundzwanzig Zigaretten auf den Markt gebracht, die großen Erfolg unter den leidenschaftlichen Rauchern hatte, denen die normale Schachtel etwas zuwenig, zwei Schachteln aber zuviel waren.)

Vicente Verdú schreibt in seinem unverzichtbaren Tagebuch: »Ich wäre bereit, alles zu tun, wenn ich vorher rauchen könnte.« Und ich glaube ihm.

GEWOHNHEIT, LASTER ODER SUCHT

Eine der interessantesten Veränderungen im zeitgenössischen Sprachgebrauch – ich beziehe mich auf die letzten dreißig Jahre des 20. Jahrhunderts – ist seine ausgeprägte Psychologisierung. Zahlreiche Termini aus der Psychologie sind von anderen Disziplinen oder der Alltagssprache mit unvermeidlichen Bedeutungsverschiebungen übernommen worden. So spricht man zum Beispiel von »wirtschaftlicher Depression« oder »Euphorie an der Börse«, als wären die Finanzen manisch-depressive Psychen, die nach Belieben ihren Gemütszustand ändern könnten (und ist die Wirtschaft nicht auch eine manisch-depressive Dame mit den dazugehörigen Süchten?); jeder, der irgendeine Obsession hat, gilt sofort als »paranoid«, über den einen oder anderen wird gesagt, er sei neurotisch, und in einigen Ländern sieht das Gesetz die Menstruation bei straffällig gewordenen Frauen als strafmildernd oder schuldausschließend vor und erkennt damit an, daß die Regel Persönlichkeitsveränderungen hervorruft, die nicht dem Willen oder der Kontrolle der Frau unterliegen. Unsere Haushunde können depressiv sein, unsere Hündinnen Scheinschwangerschaften haben; es gibt perverse (sadistische) Chefs, narzißtische Schauspieler und Nachbarn mit Phobien.

Am meisten fällt der Einfluß der Psychologisierung natürlich im Bereich der menschlichen Verhaltensweisen auf. Die Moral sprach von Lastern: rauchen, trinken, wetten, huren, das waren im allgemeinen männliche Laster, die man mit der Kraft des Willens, der Liebe oder des Glaubens überwinden konnte. Wo die traditionelle Moral von Lastern spricht, spricht man heutzutage von Süchten. Vom Gebiet der Moral, die den freien Willen anerkennt, kommt man auf das Gebiet des Pathologischen, das einen vom Schuldgefühl freispricht: Sucht ist eine Krankheit, keine Gewohnheit oder Laster. Nie werde ich meine Überraschung bei der ersten Reise nach Stockholm im Jahr 1978 vergessen. Damals pflegten viele Schweden sich an den Wochenenden zu betrinken, und dann zogen sie besoffen durch die Straßen und pöbelten Passanten an. Die Nüchternen tadelten sie nicht, sie reagierten nicht auf die Provokationen, sie zogen sich stillschweigend zurück und überließen ihnen das Feld. An den Ecken standen bedruckte Plakate. Eine Freundin übersetzte sie mir. Dort stand: »Der Betrunkene ist ein Kranker. Behandeln Sie ihn mit Respekt und Mitleid.«

Der Begriff Sucht gehört in die klinische Medizin. Er bezeichnet eine *körperliche oder psychologische Abhängigkeit*. Im Fall der Raucher geht die Hauptsucht auf eine Substanz zurück: das Nikotin. Es handelt sich um eine körperliche und psychische Abhängigkeit. Wie bereits erwähnt, braucht das Nikotin, ein neurologisches Stimulans, sieben Sekunden bis zum Gehirn. Doktor Miguel de la Peña sagt in seinem 2002 erschienenen Buch: *Ich rauche nicht mehr!*: »Experimente mit Nagetieren haben bewiesen, daß, wenn sie einmal nikotinsüchtig sind, sie sogar Stromschläge ertragen, um an ihre Dosis zu kommen. Das Überraschende ist, daß sie nicht so reagierten, wenn man ihnen das Essen vorenthielt.« Anders gesagt: Das Gehirn brauchte das Nikotin mehr als den Käse. Es ist daher nicht verwunderlich, daß große Raucher – wie die Alkoholsüchtigen oder die Konsumenten harter Drogen, wie Kokain, Heroin, Crack oder Ecstasy – wenig essen. (Mein Vater, Alkoholiker und Raucher und ein gesunder, kräftiger Mann, aß kaum etwas.) Die Eingeborenen in Paraguay und Bolivien, die die durch die große Höhe verursachte Übelkeit mit Cocaaufgüssen bekämpfen, verdrängen das Hungergefühl, indem sie Cocablätter kauen. In Paraguay, Argentinien und Uruguay trinkt man Mate, eine Art Tee, den man durch die *bombilla* schlürft (eine Art langes, schmales Silberröhrchen, mit einem runden Gefäß, in dem sich der Aufguß befindet), um den Hunger zu vertreiben, und natürlich auch aus Gewohnheit oder Vergnügen. In Italo Svevos schon erwähntem Roman *Zeno Cosini* konsultiert der Protagonist einen Arzt, weil er mit dem Rauchen aufhören will. Über seine Tabaksucht sagt er: »Es fiele mir leichter, auf die drei Mahlzeiten am Tag zu verzichten als auf die zahllosen täglichen Zigaretten.« Wenn es darum geht, auf das Essen oder das Rauchen zu verzichten, zögern nur wenige Raucher: Die Zigarette ist das Wichtigste.

Die enorme Ausbreitung der Psychologie in den letzten fünfzig Jahren hat aus dem Laster eine Abhängigkeit gemacht, etwas, das nicht allein durch den Willen überwunden werden kann. Heutzutage gibt es eine ganze Reihe von Therapien. Von den Anonymen Alkoholikern, einer der ältesten und effizientesten Institutionen gegen den Alkoholismus, bis hin zu den Entziehungsprogrammen bei Drogen-, Nikotin-, Spiel-, Sex-, Arbeits-, Familien- oder Fernsehsucht. Die Einzel- oder Gruppentherapien sind eines der Zeichen der Modernität unserer

Gesellschaften, in denen immer mehr der sozialen Kontrolle unterliegt und deren größter Feind die Krankheit, das Symptom oder die gefährliche Lust sind. Alle Therapien – die sich manchmal diametral widersprechen – versprechen Glück und Heilung, obwohl schon der alte Meister Sigmund Freud schrieb, daß das Leben irgendwann immer Unbehagen hervorruft.

Wenn ich gegen das Unbehagen zu leben rauche, raten die Therapien mir, aufzuhören. Wenn ich mich gegen das Unbehagen zu leben der Liebe hingebe, gelte ich als sexsüchtig. Übrigens ist das eine erst kürzlich diagnostizierte Sucht. In den Vereinigten Staaten gibt es bereits einige Kliniken, die darauf spezialisiert sind. Und wer definiert sexsüchtiges Verhalten, und vor allem, wie definiert man es? Bei wie vielen Orgasmen wöchentlich bin ich süchtig oder nur eine glückliche, verliebte Frau? Wer kann das wissen. Nur sie, die Gesunden, die Therapeuten, haben die Weisheit gepachtet, nur sie haben den Schlüssel zu unserer geistigen Gesundheit.

Bachblüten, Gestalttherapie, Psychoanalyse nach Freud, Jung, Klein oder Lacan; Verhaltenstherapeuten, Kognitionspsychologen, Psychiater, Antipsychiater, Psychologen, Sozialarbeiter – Überleben in der entwickelten, postindustriellen Welt scheint ohne »Hilfen« unmöglich. Ich bin fünfzig Jahre alt geworden ohne einen Therapeuten. Meine persönliche Therapie war die Zigarette, billiger, effizienter und weniger konfus als ein Psychoanalytiker. Die Zigarette spricht nicht, aber sie verschafft mir Lust.

Hinter all der sozialen Kontrolle und der riesigen Bandbreite an »therapeutischen Mitteln« läßt sich ein großes Geschäft erahnen: Gegen das Laster appelliert man an den Willen, gegen die Sucht muß man auf Ärzte, Neurologen, Psychologen, Psychiater, Psychoanalytiker, Psychotherapeuten, Sozialarbeiter und Rehabilitationsprogramme zurückgreifen.

Von den viertausend Substanzen, aus denen eine Zigarette besteht, ist die stärkste suchtauslösende Substanz das Nikotin, und um diese Wirkung noch zu verstärken, setzen die Zigarettenhersteller noch Ammoniak hinzu. Ist das Nikotin inhaliert, braucht es etwa eine Stunde, bis es abgebaut ist, das heißt, wenn dieser Zeitraum vorbei ist, spürt der Raucher den Zwang, wieder zu rauchen, um seinem Gehirn (den Neuronen) eine neue Dosis zuzuführen. »Tut er das nicht, fordert das Nervensystem sie mit wachsender Intensität ein, bis die Obsession, einen Zug zu nehmen, ihn daran hindert, an etwas anderes zu denken«, bemerkt Doktor Miguel de la Peña. Die Raucher sprechen von der entspannenden Wirkung der Zigarette, der Abnahme der Unruhe, und sie haben recht; recht haben aber auch die, die von der stimulierenden Wirkung sprechen. Die Ureinwohner Amerikas, die ersten großen Raucher, verwendeten den Tabak zur Beruhigung des Nervensystems, deswegen war er ein Zeichen von Frieden und gutem Willen; die ersten Europäer, die das Nikotin kennenlernten, schrieben ihm sedierende, nicht stimulierende Fähigkeiten zu. Und die Mehrzahl der Raucher sagt, Rauchen beruhige die Nerven. Sie verwechseln die Reaktion auf die Abstinenz mit der neurologischen. Aus zerebraler Sicht ist das Nikotin ein Stimulans, aber weil es süchtig macht, ruft sein Fehlen Unruhe hervor, und das Entspannungsgefühl stellt sich als Reaktion auf das Entzugssymptom ein. Einer der deutlichsten Beweise für die Suchtwirkung des Nikotins war die Erfindung der *Light*-Zigaretten. Als Reaktion auf die Anti-Zigaretten-Kampagnen entwickelten die

Hersteller Zigaretten mit einem geringeren Nikotingehalt, aber die Gefahr für den Raucher war nicht geringer, denn er inhalierte tiefer und rauchte mehr. Als ich selbst auf *Fortuna light* umstieg, stellte ich an mir selbst fest, daß sie mich nicht auf gleiche Weise befriedigten, also rauchte ich zwei aufeinander anstatt einer.

HIN UND HER

Rauchen die anderen Tiere auch, oder sind wir Menschen die einzigen? Die Redewendung »rauchen wie eine Fledermaus« klingt eigenartig, und man könnte denken, es handele sich um eine Hyperbel … bis wir eines Tages eine Fledermaus gierig an einer Zigarette ziehen sehen. Aber in den großen Städten des globalen Dorfes kommt es nicht oft vor, daß man auf eine Fledermaus trifft, geschweige denn eine rauchende. Als Kind habe ich im Brachfeld hinter unserem Haus in einem verfallenen Schuppen voller Krimskrams immer wieder welche an der Dekke kauern sehen. Und eines Tages sah ich es mit eigenen Augen: Eine an einem Balken hängende Fledermaus sog gierig den Rauch aus einer Kippe ein, die sie irgendwo gefunden haben mußte. Ihre Züge waren tief, und es dauerte nur ein paar Sekunden, bis die Kippe aufgeraucht war, aber sie verschlang ohne Zögern auch noch das restliche weiße Papier und die paar Fitzelchen Tabak. Danach suchte sie mit ihren schwarzen Äuglein verzweifelt das ganze Dach ab, als hätte sie die Hoffnung, dort irgendwo eine *Marlboro*, eine *Camel* oder eine gewöhnliche uruguayische *Unión* zu finden. Und danach, ich schwöre es, faltete sie enttäuscht die Flügel über sich zusammen, um zu schlafen; es war die letzte Zigarette für diesen Tag.

Das nächste rauchende Tier sah ich erst Jahre später in Barcelona. Zu meinen zahlreichen Hobbys (Schach, Schiffsmodelle und alle möglichen Gegenstände sammeln, die mit Seefahrt zu tun haben, insbesondere die Galionsfiguren, Majong, Kartenspiele, Briefmarken, Glücksspiele, Biologie, klassische Musik, Oper, Fußball, Medizin, Bücher, Uhren, Kino, vor allem das europäische, Kuchen und Zeitung lesen) gehört auch die Verhaltensforschung bei Tieren. Ich liebe viele Arten: Hunde, Bären – vor allem Panda- und Koalabären – Gorillas, Schimpansen, Affen überhaupt, Delphine (auf Vögel kann ich verzichten, eigentlich kann ich sie nicht ausstehen), und so war es eine meiner Lieblingsbeschäftigungen, in den Zoo zu gehen, bis die Trauer über die gefangengehaltenen Tiere meinen Wunsch, sie zu betrachten, besiegt hatte. Ich erinnere mich an einen Morgen im Jahre 1975 in Barcelona. Es hatte ziemlich stark geregnet, und ich sagte zu Freunden: »Das ist doch der geeignete Moment, um mal wieder die Bären und die Affen zu besuchen, es sind keine Kinder da und nicht diese unerträglichen Erwachsenen, die den Affen Grimassen schneiden und sich für was besseres halten.« Meine Freunde kamen mit. Es war, wie ich gesagt hatte: Drei Uhr und der Zoo war leer, die Wege naß und der Himmel wolkenverhangen. Ich ging sofort zu meinen geliebten Affen, aber zu meiner Überraschung hatte man sie aus ihren Käfigen geholt, um irgendwelche Maurerarbeiten ausführen zu können, und so waren sie im Freigehege, von dem in dem Fall nicht vorhandenen Publikum durch einen großen Graben getrennt, den sie nicht überqueren konnten. Ein paar Arbeiter waren mit Streichen und anderen Dingen beschäftigt. Die Affen vertrieben sich die Zeit damit, zu essen, sich die Flöhe aus dem Fell zu holen oder sich zu kratzen, wie immer. Plötzlich warf einer der Anstreicher, ich weiß nicht, ob absichtlich oder nicht, eine halbaufgerauchte Zigarette in die Affenschar. Eine kurze Handbewegung und auf der Stelle brach ein riesiger Tumult aus: Die Affen – es waren nicht gerade wenige – schrien alle auf einmal und versuchten, an die brennende Zigarette zu kommen. Sie verfolgten sich gegenseitig, und wenn einer die Kippe erhaschen konnte, nahm er hektisch ein paar tiefe Züge. Ich werde nie ihre Handbewegung vergessen: Sie umschlossen die Zigarette mit den Fingern und drückten sie an den Mund. Es war ein gieriges Rauchen, wie ich es noch nie zuvor gesehen hatte. Der Affe, der gerade rauchte, rannte hin und her, um seine Beute behalten zu können, aber die anderen ließen nicht locker, und so ging die Zigarette von Mund zu Mund, bis nichts mehr übrig war.

Als die Zigarette sich endgültig in Rauch aufgelöst hatte (nie hat der Ausdruck besser gepaßt), traten die Affen schreiend an den Graben und forderten von den Arbeitern mehr Nikotin. Diese hatten das Spektakel halb verwundert, halb belustigt betrachtet und beschlossen, das Amüsement zu verlängern: Sie zündeten Zigaretten an und warfen sie Richtung Graben oder in die Luft, damit die Affen aufeinander losgingen und ihr ohrenbetäubendes Gebrüll fortsetzten. Die Affen rauchten, und wie: Sie verfolgten und schlugen sich, um ein paar Züge von der begehrten Zigarette abzubekommen. Da war keine Spur von Solidarität, sie teilten die Zigaretten nicht, es war nicht wie bei den Menschen ein soziales Laster, ein Zeichen von Freundschaft, sondern ein umkämpftes Gut. Sie rauchten wie besessen, inhalierten und verschlangen die Kippen, als wäre es ihr Lieblingsnachtisch. Mir mißfiel das Spektakel (wieder einmal Menschen, die sich über Tiere lustig machen oder aus ihnen Vorteil ziehen), und ich ging und kam nie mehr wieder.

Meine Hündin hingegen konnte Zigarettenrauch überhaupt nicht ausstehen. Sie blinzelte, drehte den Kopf in die andere Richtung, und wenn sie es gar nicht mehr aushalten konnte, schritt sie würdevoll von dannen, aber nicht, ohne mir vorher einen vorwurfsvollen Blick zuzuwerfen. Sie gehörte damals schon zur Anti-Raucher-Liga.

Wenn man Rauchen als Sucht bezeichnet und den Raucher als Drogensüchtigen betrachtet, muß man auch über das Entzugssyndrom reden. Unser Hirn ist ein Süchtiger: Es fordert alles ein, was wir ihm von außen zuführen. Und wenn wir es ihm nicht geben, protestiert es, und das äußert sich in verschiedenen körperlichen Symptomen. Die Weltgesundheitsorganisation (WHO) definiert Entzug wie folgt: »Die Gesamtheit an körperlichen und psychischen Symptomen, die auftreten, wenn man eine Droge jäh absetzt«. In der Umgangssprache sprechen wir vom »Affen«. Tabakabstinenz kann zu Reizbarkeit, Unruhe, Heißhungerattacken, Schlaflosigkeit, Depression, Müdigkeit und zu einem unkontrollierten Verlangen nach Zigaretten führen. Ich kenne Frauen, die wurden von starken Kopfschmerzen und sogar Erbrechen gequält, so daß das Experiment nur von kurzer Dauer war – sie fingen wieder an.

Natürlich zeigen sich nicht bei allen Rauchern diese Symptome, weil nicht alle im gleichen Maße süchtig sind. Ein Raucher, der behauptet, er könne ohne Probleme von einem auf den anderen Tag aufhören, mag ein Aufschneider oder ein Lügner sein, aber es kann genausogut sein, daß er die

Wahrheit sagt, denn bei der Suchtneigung spielen genetische Komponenten eine Rolle, die von Mensch zu Mensch verschieden sind.

Die Universidad Internacional Menéndez Pelayo veranstaltete im Oktober 2001 in Valencia einen Kongreß über das menschliche Genom. Bei diesem Treffen ging es speziell um die als Süchte bekannten Verhaltensstörungen. Man wollte herausfinden, ob es eine genetische Veranlagung dafür gibt. Die Antwort lautete ja, wahrscheinlich (was in der Wissenschaft keine Bestätigung ist, sondern eine Arbeitshypothese). Die Experten zeigten, daß es in einer Chromosomsequenz ein paar als Suchtgene bekannte Gene gibt, deren Veränderung ein Individuum dafür empfänglich macht, leichter »hängenzubleiben« als andere. Diese Gene sind für die Übertragung von Serotonin und Dopamin zuständig, wichtige Substanzen für die sogenannten »Gemütszustände«, für Depressionen, Nervenkrisen oder manische Phasen. Das bekannte »Streßhormon« oder Kortisol spielt auch eine wichtige Rolle bei der Sucht. Wenn man die Kortisolrezeptoren blockieren könnte, würde man den Streß und die dadurch ausgelöste Suchtgefahr vermeiden, aber die bis jetzt getesteten Medikamente haben äußerst gefährliche Nebenwirkungen.

Bei dem Kongreß wurden die biologischen und genetischen Grundlangen des Tabakkonsums behandelt. Caryn Lerman, Professorin am Krebsforschungszentrum der University of Pennsylvania, zeigte anhand der neuesten mit Zwillingen durchgeführten Studien, daß die erbliche Komponente einen erheblichen Einfluß darauf hat, ob jemand nikotinsüchtig wird oder nicht. Kinder von Rauchern werden sehr wahrscheinlich auch Raucher, nicht nur durch den Einfluß des Umfeldes, sondern weil sie wahrscheinlich die mit dieser Sucht verbundenen Gene geerbt haben. All diese Arbeiten hatten nur ein Ziel: die individuelle Empfänglichkeit für die Nikotinsucht zu bestimmen und Vorsorgestrategien zu skizzieren. Auf diese Weise erfährt man auch etwas über die Resistenz des einzelnen gegenüber den diversen Möglichkeiten der Entwöhnung. Der weise Volksmund weiß es schon seit Jahren: »Es gibt Menschen, denen das Rauchen sehr schadet, und anderen nicht.«

In letzter Zeit empfehlen Ärzte und Spezialisten für Nikotinsucht verschiedene Methoden, sich das Rauchen abzugewöhnen, und in einem Punkt stimmen sie alle überein: Es genügt nicht allein der Wille, gegen die Nikotinsucht zu kämpfen. Der Raucher bleibt (wie der Alkoholiker und der Drogensüchtige) sein ganzes Leben Raucher; auch wenn er die Gewohnheit aufgibt, potentiell ist er immer noch abhängig. Vor allem, wenn sich die Hypothese bestätigen sollte, daß es für diese Sucht eine genetische Grundlage gibt, da man diese, zumindest bis jetzt, nicht verändern kann.

Wir alle, die wir versucht haben, von einer Sucht loszukommen – ob Tabak oder Alkohol, Kokain oder Spiel, Schokolade oder Fernsehen –, wissen, daß die Süchte sich gegenseitig verstärken. So wecken zum Beispiel Kaffee oder Alkohol ein noch größeres Verlangen nach Zigaretten, genauso wie ein Spieler gewöhnlich auch raucht und trinkt. Es ist leichter, von einer Sucht loszukommen, wenn man sie durch eine andere weniger gefährliche oder aggressive ersetzen kann. Im Fall der Zigarette äußert sich der »Affe« sowohl physisch als auch psychisch, und deshalb ist es schwer, sie durch etwas anderes zu ersetzen. Mir haben die Plastikzigaretten geholfen, die man in der Apotheke kaufen kann. Sie sind den echten nicht nur in Form und

Farbe täuschend ähnlich, sondern man kann daran saugen (sie schmecken nach Minze, was für mich eine Qual war, weil ich Minze nicht mag. Honig-, Erdbeer- oder Orangengeschmack wäre mir lieber gewesen), und sie befriedigen das orale Verlangen. Außerdem beschäftigen sie die Hände des Rauchers, denn was soll man mit den Händen machen, wenn man die Verlängerung der Finger nicht mehr hat, die die Zigarette darstellte?

Jede Sucht ist ein Zwang, ein heftiger Impuls, eine aus innerer Unruhe und Bedürfnis entstehende Obsession. In diesem Sinne kann man sagen, daß jeder Raucher ein Unruhiger, ein Sehnsüchtiger ist. Der Psychiater Castillo del Pino hat Unruhe als die Vorwegnahme eines drohenden Unheils definiert: Man hat Angst, ein Flugzeug oder einen Aufzug zu besteigen, oder wenn das geliebte Wesen sich verspätet. Der Raucher assoziiert die durch die Zigarette hervorgerufene Entspannung (ein chemischer Prozeß, wie wir gesehen haben) mit einer Verringerung seiner inneren Ängste, und das verstärkt den Zwang.

In den spanischen Kinosälen – wo es immer verboten war zu rauchen – verspürten ich und andere Raucherinnen in besonders spannenden Momenten das zwanghafte Bedürfnis, eine Zigarette anzuzünden. Es gab eine Zeit – sie scheint unvorstellbar weit weg –, in der man in Flugzeugen, Krankenhäusern und am Arbeitsplatz rauchen durfte, außer in den Bergwerken. Es war nur verboten, in Kirchen zu rauchen (die Kirche hat ihren Priestern das Rauchen verboten und sie mit Sanktionen belegt, wenn sie dabei überrascht wurden, aber mit der Zeit beschränkte sich das Verbot auf die Zeit der Amtsausübung).

Ein Zwang ist ein Verhalten, gegen das man nicht ankommt, und deswegen genügt nicht allein der Wille, es abzulegen, auch wenn es einer guten Dosis Willen und Fähigkeit zur Selbstkritik bedarf, wenn man mit dem Rauchen aufhören will. Aber im Moment reden wir ja über die Lust, es zu tun, und nicht über die Trauer darüber, es aufzugeben.

Der soziale Aspekt und das Nachahmungsverhalten am Beginn der Raucherkarriere sind von entscheidender Bedeutung. Für die Jungen war das Anzünden der ersten Zigarette ein Initiationsritus zur Aufnahme in die Welt der Männer und der Erwachsenen. Sie fingen an zu rauchen, weil sie wie Männer *erscheinen* wollten. Und warum fingen wir Frauen an zu rauchen? *Um wie die Männer zu sein*. In einer Zeit, in der das traditionelle weibliche Identitätsmodell in Frage gestellt wurde, war es eine Form von Rebellion gegen das alte Rollenverständnis und eine Form von Gleichstellung mit dem männlichen Geschlecht, dasselbe zu tun wie Männer: studieren, arbeiten, reisen, Schimpfwörter gebrauchen, eigenes Geld haben, frei und unabhängig sein.

Rauchen ist auch ein sozial bedingtes Verhalten. Jungen und Mädchen in aller Welt erlernen den Großteil ihrer Verhaltensweisen durch das Kino, und aufgrund der Tatsache, daß unsere Helden und Heldinnen rauchten (von Gary Cooper zu Mickey Rourke, von Marlene Dietrich zu Monica Vitti), waren sie für uns Modelle des Erwachsenseins.

Auch muß der enorme Einfluß der Werbung erwähnt werden. Jahrelang waren die Kampagnen der verschiedenen Zigarettenmarken die schönsten und verlockendsten dieser so mächtigen Industrie. Der Slogan *The original american taste* wurde zu einem Symbol. Der echte Mann aus der amerikanischen Prärie trug Jeans, Levi's *of course*, karierte Flanellhemden, er hatte ein Lasso in der Hand und eine Zigarette zwischen den Lippen.

Im Hintergrund, am Himmel des Westens, der riesige Sonnenuntergang mit seinem beeindruckenden Farbenspiel. Aber *The original american taste*, das waren auch die Reklamen mit provokanten Blondinen à la Marilyn Monroe, Luxusautos oder langen Zigarettenspitzen wie die von Audrey Hepburn in *Frühstück bei Tiffany's*.

Die Reklamen waren voller unterschwelliger Botschaften. Die Zigarette wurde mit Erfolg in jedweder Form assoziiert – bei der Verführung, bei Projekten, bei Geschäften, im Leben. Diese Bilder haben sich unserem Unbewußten eingeprägt, und wenn man mit dem Rauchen aufhören will, muß man sich einer Art Entsymbolisierung unterziehen: Man muß seinen Verstand umerziehen, um all diese Assoziationen auszulöschen, die jahrelang die Zeitschriften, die Zeitungen, die Kinoleinwände und die Plakate auf der Straße überfluteten. Gegen die große suggestive Kraft, die von den Zigarettenreklamen ausging, konnte der lapidare Satz »Der Gesundheitsminister warnt: Rauchen gefährdet die Gesundheit« (er lautet in allen Ländern mehr oder weniger gleich, weil er auf Verlangen der WHO aufgedruckt werden mußte) auf den Schachteln kaum etwas ausrichten.

Aber die Zigarette wird auch mit Rebellion, mit antibürgerlichem Leben verbunden; deswegen hat eine ganze Generation von Männern und Frauen, die der 68er, in Paris wie in Buenos Aires geraucht. Und in Puerto Rico, und in Algier, Berlin, Austin, Barcelona oder Singapur. Für uns rebellische Jugendliche war das Rauchen ein Zeichen für unseren Bruch mit der früheren Generation, für unseren Wunsch, *nicht* wie unsere Väter und Mütter, sondern *anders* zu sein. Ein unruhiger, von Ängsten getriebener James Dean rauchte in *Denn sie wissen nicht, was sie* tun, genau wie Marlon Brando in *Das Gesetz des Schweigens*. Auch die rebellischen Schauspielerinnen rauchten: Natalie Wood, Annie Girardot, Jean Seberg, Angie Dickinson. Ihre verführerischsten Gesten waren stets von einer Zigarette begleitet.

In den Filmen der heutigen Zeit rauchen die Schauspieler nicht mehr oder zumindest weniger. Der Rauch, dieser sich auflösende Vorhang, hinter dem sich so viele Botschaften und Absichten verbargen, ist fast vollständig verschwunden. Man muß dem Leben ohne das Alibi, das Trugbild, die Leinwand des Rauchs ins Augen sehen. (Es gibt Ausnahmen: Der ausgesprochen originelle Film *Smoke* von Wayne Wang und Paul Auster oder *Gefühle, die man sieht*, wo eine überragende Glenn Close raucht, wie man es früher tat: um Einsamkeit, Streß oder Angst zu lindern.)

In vielen Ländern ist es verboten, für Zigaretten zu werben, in anderen ist es erlaubt, solange die Warnung dabeisteht, daß Rauchen gesundheitsschädlich ist. Ein Freund von mir, ein großer Raucher, pflegt immer zu sagen: »Es ist schädlich für die Gesundheit zu leben. Leben bringt einen auf lange Sicht immer um.«

Die Anziehungskraft einer Zigarettenschachtel mit einem schönen Design, modernem Format, die sich angenehm anfühlt und bei der das Silberpapier verlockend aus der Öffnung schaut, ist immer noch sehr stark. Hartnäckige Raucher – wie ich – haben immer eine ganze Palette an Antworten auf Lager: »Fliegen ist auch gefährlich für die Gesundheit«, nicht nur weil man abstürzen könnte; neue Studien haben gezeigt, daß es besonders bei Langstreckenflügen zu Thrombosen kommen kann; außerdem erhöht die Strahlung der Düsenturbinen das Krebsrisiko, Auto und Moped sind für Tausende von Toten pro

Jahr verantwortlich, und sogar das Brot, die Pizza und alle Lebensmittel, die hohen Temperaturen ausgesetzt sind, enthalten karzinogene und toxische Substanzen. »Von etwas muß man ja leben«, war meine Lieblingsantwort – das Gegenstück zu der großen Entschuldigung der Raucher: »Von etwas muß man ja sterben.« In einer bestimmten Phase meines Lebens antwortete ich auf den Rat der Ärzte, doch mit dem Rauchen aufzuhören: »Rauchen ist der unmittelbare Lustgewinn für uns, die wir keine Millionäre sind.« Ich habe keinen Turner oder Hopper in meinem Wohnzimmer, und auch keine prächtige Sommerresidenz in der Bucht von Sorrent, ich kann nicht im besten Viertel der Stadt in einem schalldichten Haus umgeben von Bäumen leben, mit einer großen Bibliothek, einem Spielsalon und einem Filmvorführraum, also rauche ich, es ist eines der billigsten Vergnügen, die ich kenne.

Zigaretten kann man *inhalieren*, *einsaugen*, man kann daran *ziehen* oder, wie ich sage, *nuckeln*, und diese letzte Metapher finde ich äußerst aufschlußreich. Der Mund (die andere große Körperöffnung) spielt beim Rauchen eine wichtige Rolle, als würde die Zigarette die Mutterbrust ersetzen, von der wir uns nur mit Bedauern lösen. Auch wenn die Zigarette gemeinhin als Phallussymbol angesehen wird, ist das nicht unbedingt ein Widerspruch: Eine Zigarettenschachtel gibt einem täglich mehrfach die Möglichkeit, an der Brust zu nuckeln. Eine gute Brust – sie verweigert sich nie, sie vertreibt uns nicht, sie zieht uns immer an. Die berühmte Psychoanalytikerin Melanie Klein hat die Theorie von der guten und der bösen Brust entwickelt: auf der einen Seite die nährende, die gebende, die großzügige, die Quelle für Wärme und Zärtlichkeit, und auf der anderen Seite die trockene, nicht nährende, die sich nach Lust und Laune verweigert und Angst hervorruft. Die Zigarette hat für mich diese Bedeutung: die Rückgewinnung der guten Brust, die wir verloren, als wir abgestillt wurden. Lange war ich überzeugt, dieses Symbol sei eine Entdeckung von mir, bis ich es in den Schriften des Antipsychiaters Cooper fand. Ich betone das nur, damit man mich nicht des Plagiats beschuldigt. Nur eine intensive, auf das Bewußtsein einwirkende Informationskampagne konnte das Bild der guten, immer verfügbaren Brust durch das der bösen ersetzen, die uns im Augenblick Lust verschafft, uns aber langsam tötet.

Rauchen ist ein sinnliches Vergnügen, wie es in einem Lied heißt, aber auch ein tödliches. Man vergißt häufig, daß, wie Théodore de Banville geschrieben hat, die Zigarette »ein Kunstwerk und eine Lebensform ist, die eine absolute, exklusive, wilde Leidenschaft weckt wie das Spiel oder das Lesen«. Zugegeben, diese Leidenschaft hat sehr viele Menschen ins Grab gebracht, oder zumindest fast (die Schriftstellerin Clarice Lispector, eine sehr attraktive Frau, verbrannte sich eine Gesichtshälfte, als sie mit der unvermeidlichen Zigarette in der Hand einschlief, und von diesem Moment an ließ sie sich nicht mehr fotografieren), aber kein Arzt, kein Wissenschaftler, keine Statistik verrät, wie viele Tote jährlich auf das Konto von Bleirückständen in der Luft, von Kohlendioxyd in unseren Städten, von all den industriellen Abfällen und umweltverschmutzenden Substanzen und den Zusatzstoffen gehen, die zur Herstellung oder Konservierung von Lebensmitteln verwendet werden. Das Argument ist dürftig, weil es noch lange nicht rechtfertigt, meine Lungen oder die meines Nachbarn noch mehr zu verunreinigen. Die intensive Anti-Raucher-Kampagne ist trotzdem verwunderlich, wenn man bedenkt, daß es etwas derartiges beim Alkohol nie gegeben hat, der auch Ursache für Krankheit und Tod und manchmal sogar für Tötungsdelikte ist, und auch nicht bei der Umweltverschmutzung, die ebenfalls Krebs erzeugt, und das in weit größerem Maße.

In einem Interview, das Annette Insdorf, Professorin am Institut für Filmwissenschaft an der Columbia University, mit Paul Auster anläßlich seines Films *Smoke* führte (eine *Low-budget*-Produktion des Independent-Kinos zusammen mit Wayne Wang und einem herausragenden Harvey Keitel in der Hauptrolle, die einen unerwarteten Erfolg bei Publikum und Kritik hatte), merkt sie an: »*Smoke* ist einer der ganz wenigen amerikanischen Filme der letzten Jahre, in denen die Figuren Spaß am Rauchen haben. Und keiner kommt, um ihnen zu sagen, sie sollen es lassen.« Paul Auster fügt hinzu: »Nun, die Leute rauchen, das ist eine Tatsache. Wenn ich mich nicht irre, zünden mehr als ein Milliarde Menschen täglich Zigaretten an … Ich will nicht behaupten, daß rauchen gut für die Gesundheit ist, aber verglichen mit den täglichen politischen, sozialen und ökologischen Greueltaten, kann man den Tabak vergessen. Die Leute rauchen. Das ist so. Die Leute rauchen und haben Spaß daran, auch wenn es nicht gut für sie ist.«

Während der Dreharbeiten schrieb Paul Auster einige Notizen und Kommentare für die Schauspieler. Ich will den Text zitieren, der sich auf den Moment bezieht, in dem eine Filmfigur, Bob, eine Zigarette anzündet:

»Erinnerungen eines Rauchers. Von der ersten Zigarette als Jugendlicher bis zum letzten Zug als Erwachsener. Rauchen und Sex. Rauchen und Essen. Rauchen und Arbeiten. Wie Schönberg einmal sagte, als man ihn fragte, warum er eine angezündete Zigarette auf dem Tisch habe, wenn er arbeite: Komponieren ist eine einsame Tätigkeit, und ich habe sie gern bei mir, damit sie mir Gesellschaft leistet. Rauchen und Anspannung. Rauchen und Entspannung. Kein Moment ist ungeeignet: Du feierst etwas mit einer Zigarette, du grämst dich mit einer Zigarette. Rauchen als Gedanke, Betrachtung, Handeln. Rauchen als Gefahr: heimliches Rauchen auf der Schultoilette, Rauchen als ständige Erinnerung an deine Sterblichkeit. Rauchen als Kameradschaft, als Liebe: mit einer Frau im Bett eine Zigarette teilen. Rauchen als letzte Handlung: der letzte Zug, bevor sie dem Mann die Augen verbinden, der vom Erschießungskommando hingerichtet werden soll. Jeder Zug ist menschliche Atmung. Jeder Zug ist ein Gedanke. Jeder Zug ist eine Erinnerung daran, daß leben auch sterben ist.«

Wir haben bislang wenig darüber gesprochen, daß das Rauchen einer Zigarette einen unmittelbaren Lustgewinn darstellt, weshalb sich unsere Psyche so dagegen wehrt, damit aufzuhören. Es gibt wenig Möglichkeiten für unmittelbaren Lustgewinn im Leben des Normalbürgers, das heißt der Leute, die rauchen. (Heute wie früher rauchen die Leute der Unterschicht mehr als die der Mittel- oder Oberschicht; sie haben keine Wahl, die anderen können es durch teurere Genüsse oder Aktivitäten ersetzen.) Was könnten wir sonst zwanzig Mal am Tag tun? Die Psychologiehandbücher sagen, daß unreife Persönlichkeiten (Kinder zum Beispiel) solchen Lustgewinn brauchen; reife hingegen können die Erfüllung ihrer Bedürfnisse aufschieben, ich aber bin der Ansicht, diese Handbücher wurden nur geschrieben, damit die Leute sich schuldig fühlen und die Realität hinnehmen, wie sie ist, denn der etablierten Macht ist es nur recht, wenn die Leute sich schuldig fühlen und Depressionen bekommen, sonst könnten sie ihren Groll oder ihre

Frustration womöglich gegen diese Mächte richten. Wir *alle* brauchen Lustgewinn, ob in Form von Zärtlichkeiten, Lob, Geld, Ruhm, Erfolg, Bonbons, Zigaretten oder Schokolade. Und bis jetzt hat noch niemand etwas gefunden, das dem Raucher den Lustgewinn durch die Zigarette ersetzt. Ich habe es mit Bonbons versucht, und das einzige, was ich erreicht habe, war, daß ich öfter zum Zahnarzt mußte und ein paar Kilo zugelegt habe.

Die starke Assoziation von Zigarette und Tod in den letzten Jahren ist der Höhepunkt des romantischen Mythos vom Rauchen: Eros und Thanatos erneut vereint. Von Anfang an war die Zigarette (im Gegensatz zur Zigarre) ein romantisches Emblem: Man assoziierte sie mit Schmuggel, Bohemeleben, Seefahrern, Matrosen, mit freizügigen Frauen aus der Unterschicht, Frauen, die schrieben, Hosen trugen und politisch aktiv waren, mit einer unehrerbietigen, rebellischen, antibürgerlichen Haltung (im ausgehenden zwanzigsten Jahrhundert, als das gesamte Bürgertum rauchte, verschob sich der Mythos der Rebellion auf andere Drogen, hauptsächlich auf das Kokain).

In dieser zigarettenfeindlichen Zeit haben Raucher ein vollkommen romantisches, selbstzerstörerisches Image. In der Zeit des Gesundheits-, Körper- und Schönheitskults, der *Light*-Getränke und der Mittelmeerdiät grenzt es fast an Ketzerei, nach einem Mahl aus Salat, Tomaten, Möhren, Spargel, gebratener Hähnchenbrust und frischem Obst eine Zigarette zu rauchen.

ERSTE LIEBE

Viele Menschen erinnern sich an das erste Mal, als sie das Meer sahen, an den ersten Kuß, den ersten Orgasmus, die erste Kommunion, die erste Schwangerschaft, den ersten Tag beim Militär, und jeder Raucher erinnert sich an die erste Zigarette. Es muß nicht unbedingt eine schöne Erfahrung gewesen sein; für die Frauen ist es die Entjungferung ja auch nicht, und doch sind sie später in der Lage, Sex zu genießen. So ähnlich ist es bei der Zigarette: Man muß die erste überstehen, wenn man weiterrauchen will.

Die erste Zigarette in meiner Kindheit war nicht die orthodoxe aus blondem oder schwarzem Tabak, hergestellt auf Kuba, in Virginia oder Montevideo. Die Zigarette war eine Initiation – der Übergang von der Kindheit zur Jugend –, und wir Kinder, die wir diesen Moment der Freiheit herbeisehnten (kommen und gehen, wann man will, arbeiten, Geld verdienen, Freunde selbst wählen und mit gefährlichen fremden Männern und noch gefährlicheren fremden Frauen reden), drehten uns im verborgenen nachgemachte Zigaretten, die schlecht schmeckten und fürchterlich stanken, aber uns, in unseren Augen, Größe und den Status von Erwachsenen gaben.

Der Held meiner Kindheit – Huckleberry Finn natürlich – war sehr geschickt darin, jedes Kraut zu rauchen, das er fand; und ihm begegnete, wie mir, am öftesten der Mais, oder wie wir am Río de la Plata sagen, der *choclo*. (Einer der ältesten und berühmtesten Tangos trägt den Titel *El choclo*. Eine Zeitlang war er verpönt, weil der Maiskolben eine vulgäre Bezeichnung für das männliche Geschlecht war.)

Der Tabak wird nicht nur geraucht, wie die Spanier bei ihrer Landung auf den Karibischen Inseln feststellten: Einige Stämme kauten ihn, und anderen tranken den braunen, bitteren, übelriechenden Saft. Der Ursprung der Zigarette (die modernste und billigste Art zu rauchen nach der Zigarre und der Havanna) geht auf die Sitte der Indios zurück, den Tabak in Maisblätter einzurollen. In Guatemala ist ein Tongefäß aus dem zehnten Jahrhundert erhalten, auf dem man einen Indio rauchen sieht.

In Spanien gab es keinen Mais, und so wurden verschiedene Materialien für das Einrollen des Tabaks verwendet, bis man schließlich auf feines weißes Papier kam, im Volksmund »Zigarettenpapier« genannt, das in kleinen Heftchen vertrieben wurde, von denen die einzelnen Marken sogar gesammelt wurden. Die ersten gedrehten Zigaretten (das spanische Verb *liar* hat verschiedene Bedeutungsnuancen, die verbreitetsten sind Tabak einwickeln, verwickeln und verwechseln) hießen dementsprechend *papeletes* oder *papeletas*. Guillermo Cabrera Infante erinnert an ein altes katalanisches Sprichwort, das den Klassenunterschied beider Gewohnheiten aufzeigt: »Wer dir ein paar Groschen gibt, raucht Zigarren, und wer nicht, Papier.«

In Spanien können, wie überall sonst auf der Welt, Zigarren sehr teuer sein. Die Zigarette hingegen – die nur sehr wenig

Tabak und viele Rückstände enthält – war viel billiger, bis die Gesundheitsbehörden der verschiedenen Länder beschlossen, den Preis ordentlich anzuheben, um die Leute davon abzubringen (ziemlich erfolglos, im übrigen. So gut wie niemand hat je wegen des Preises aufgehört, sondern eher wegen der Gefahren für die Gesundheit). In dem Roman *Carmen* gesteht die Zigeunerin dem Erzähler, daß sie gerne eines von diesen »Papierchen« raucht und daß ihr der Geschmack süß vorkommt, woraus wir wohl den Schluß ziehen dürfen, daß es sich um eine milde Mischung handelte.

Ich begann meine Raucherkarriere, indem ich den Bart von Maiskolben in Seiten aus Schulheften einwickelte. Der Mais ist weit verbreitet in Uruguay, wir essen ihn gekocht, gebraten oder im Eintopf, und er dient als Tierfutter (für Hühner und Schweine). Wenn man den Kolben in der Mitte öffnet, kommt an einem Ende eine Menge heller, feuchter, klumpiger Fasern heraus, die man Bart nennt: ein guter Tabakersatz für die Kinder, die, wie ich, es nicht erwarten konnten, erwachsen zu werden – was man damals ab achtzehn war –, um nach Belieben rauchen zu können, ohne um Erlaubnis bitten zu müssen.

Ich weiß nicht, wie ich an die Formel gekommen bin, wahrscheinlich bei der Lektüre der Abenteuer meines geliebten Huckleberry Finn, oder es war ein Geheimnis, das in jener Zeit unter uns Kindern von Mund zu Mund ging, in der es – Gott sei Dank – keinen Fernseher gab und statt dessen Neugier, Experimentierfreude, Phantasie und Wünsche.

Meine Erfahrungen mit dem Maisbart begannen an einem heißen Sommertag zur Siesta-Zeit. Es war eine magische Stunde für die Kinder, denn die Erwachsenen schliefen, und wir konnten schalten und walten, wie wir wollten. In dem kleinen Schuppen auf dem Brachland hinter dem Haus meiner Großmutter, wo das Werkzeug, die alten Caruso-Platten, das alte Grammophon, die Eisenschaufel, die Harke, die ungebrauchten Kacheln und Truhen voller alter Hüte, aus der Mode gekommene Kleider und Accessoires aus Papier oder Metall lagerten, standen auch Säcke mit Mais oder Futtermehl für die Hühner. Weil ich das Füttern gern übernahm, kam ich leicht an die Maiskolben heran. Eines Nachmittags beschloß ich, eine frühreife Raucherin zu werden, und wickelte den Maisbart in ein Stück Papier. Ich mußte es ein paar Mal versuchen, denn es war nicht so leicht, wie es aussah. Ohne daß es mir bewußt war, verhielt ich mich wie die Dreher in den Zigarettenfabriken in der Karibik, Andalusien, Virginia und der Stadt, in der ich geboren wurde – Montevideo: Zuerst ließ ich auf einem Stein in der Sonne die goldenen Maisfasern trocknen. Als sie trocken waren, formte ich sie zu einem kleinen Röllchen, das ich sorgfältig in ein Stück Papier einwickelte – ich hatte nur die Blätter aus dem Schulheft, aus ziemlich hartem, festem Papier. In meinem zarten Alter hatte ich nur gesehen, wie Zigaretten mit weichem, feinem Zigarettenpapier gedreht wurden, und ich wußte, daß die guten Raucher die Operation abschlossen, indem sie das Papier von einem Ende zum anderen mit Speichel benetzten, damit der Tabak nicht herausfiel oder sich verteilte. Es war unwiderstehlich, da war etwas unbeschreiblich Männliches und Autarkes, Verführerisches, Sinnliches in dieser Feuchtigkeit, die sich von den Lippen aufs Zigarettenpapier verteilte (ich bin immer noch überzeugt, daß alle Riten, die das Rauchen begleiten, von eindeutig erotischer Symbolkraft sind). Ich schaffte es, wenn auch unter größten

Schwierigkeiten. Das Papier war hart, und sosehr ich es auch mit dem Samen meines Mundes – Pardon, mit dem Speichel meiner Lippen – benetzte, es wollte einfach nicht halten, die Fasern lösten sich, traten heraus, sie blieben nicht in der Urne oder der Nische, die ich für sie gemacht hatte. Ich experimentierte herum, bis beide Seiten des Papiers halbwegs zusammenklebten.

Jetzt kam das Wichtigste, die entscheidende Probe: Ich zündete meine erste Zigarette an. Ich hatte eine Schachtel Streichhölzer aus der Küche geklaut. (Na ja: Eigentlich war es kein Diebstahl. Ich wollte sie zurücklegen, es war also nur eine Leihgabe, eine revolutionäre Enteignung, denn für mich, damals noch ein kleines Mädchen, war das Rauchen ein Akt der Rebellion, eine Überschreitung der Norm der Mittelklasse: Frauen rauchen nicht, und Mädchen schon gar nicht.) Und so, mit der selbstfabrizierten Zigarette zwischen den Lippen, zündete ich den Maisbart an. Ich führte das Streichholz an die improvisierte Zigarette, sah, wie sich das Papier entzündete und grauer dikker Rauch aufstieg, ich nahm einen tiefen Zug – und bekam, halberstickt von den Dämpfen, einen Hustenanfall.

Ich warf die Zigarette weit weg, innerlich jedoch tiefzufrieden; wenigstens zog der kleine selbstgebastelte Schornstein. Jetzt mußte man nur noch an den Details arbeiten. Es war klar, daß ich so husten mußte, weil ich einen viel zu tiefen Zug genommen hatte. Ich mußte kleinere nehmen. Das Papier produzierte viel Rauch, ich mußte feineres, geeigneteres auftreiben. (In meiner Familie drehte natürlich niemand seine Zigaretten selbst, mein Vater rauchte täglich ein Päckchen Unión, in Uruguay hergestellte starke blonde Raketen, die berühmt für ihren rauhen Geschmack waren. Nur richtige Männer rauchten diese

Marke; die anderen wurde von diesen so männlichen Machos für weibisch gehalten.) Der zweite Versuch gelang mir wesentlich besser, ich hatte sogar gelbe Flecken an den Fingern, wie die Nikotinspuren, die ich bei den Rauchern gesehen hatte, aber so richtig funktionierte das mit dem Maisbart doch nicht. Er schmeckte trocken, süßlich und hinterließ immer ein paar Faserstückchen im Mund. Als Simulation war er nicht schlecht, aber er steigerte das Verlangen nach einer echten Zigarette, nach einer, die aus einer Markenschachtel kam: *La Paz*, *Richmond* oder die superteuren amerikanischen Importzigaretten, die die Reichen rauchten, wie *Chesterfield*, *Camel* oder *Marlboro*. (Importzigaretten zu rauchen zeigte damals, zu welcher sozialen Schicht man gehörte, genau wie in Europa nach dem Zweiten Weltkrieg, als die amerikanischen Soldaten den Frauen, die zu ihnen kamen, Zigaretten schenkten.)

Mein Vater war Raucher. (»Ein Laster kommt selten von allein«, wie das Sprichwort sagt, und in seinem Fall stimmte das, denn er war auch Alkoholiker und Spieler. Kein Zweifel: Ich bin seine Tochter.) Wir hatten eine schwierige, konfliktgeladene, manchmal in Gewaltausbrüchen eskalierende Beziehung. Er sprach wenig, aß noch weniger und verschwand manchmal für längere Zeit; er hatte einen depressiven, melancholischen Charakter, dem er nur in Form von Wutausbrüchen entkam. Ich hatte Angst vor ihm, auch wenn ich ihm nicht immer gehorchte, was mir viele Strafen einbrachte.

Er rauchte gerne nach dem Essen wie alle Raucher. Er saß am Tisch, wollte keinen Nachtisch – er mochte nichts Süßes – und gab mir den kurzen, strengen Befehl: »Bring mir eine Zigarette.« Und ich gehorchte und ging in den dunklen Flur hinaus zu seinem blauen oder schwarzen Jackett – er trug nur dunkle Farben, wie alle Männer seiner Generation –, das auf einem Holzbügel in Form eines Geweihs hing. Ich wußte, daß die Schachtel mit den *Unión* in einer Tasche steckte, zusammen mit dem *Zippo*, jenem wunderschönen verchromten Feuerzeug, das mit einem unverwechselbaren »Klick« aufsprang. (Wie gerne wäre ich alt genug gewesen, um ein eigenes zu haben! Das *Zippo* war der Passierschein ins Erwachsenenleben. Mit einem *Zippo* in der Tasche, über das man zärtlich mit der Hand streichen konnte, galt man plötzlich etwas, man war jetzt reif und hatte eine Menge Rechte, die man bis dahin nicht hatte.) Die Zeremonie wiederholte sich bei jedem Mittag- und Abendessen, jedesmal forderte er mich auf, ihm eine Zigarette zu bringen. Irgendwann änderte sich der Befehl.

»Bring mir die Zigarette, aber angezündet.«

Es war einer der wenigen Befehle, die ich voller Freude und Befriedigung entgegennahm. Keiner in meiner Familie rauchte. Ich spürte, in dieser Aufforderung lag eine Art Komplizenschaft zwischen uns beiden, als würde die Tatsache, daß ich den ersten Zug von der Zigarette nahm, mich in der Hierarchie aufsteigen lassen, als wäre ich ihm ebenbürtig. Ich fing an, erwachsen zu werden. Aber nicht irgendein Erwachsener, sondern eine erwachsene Frau. Und das geschah über diese symbolische Handlung: Ich teilte mit meinem Vater die Zigarette, etwas, das er wohl – so vermutete ich – mit seinen Geliebten tat, nicht mit meiner Mutter, denn die Ehefrauen rauchten nicht, nur die Geliebten. Mit diesem Befehl hatte sich mein Status verändert.

Natürlich bat ich ihn nicht um eine Erklärung, und meine Mutter, die ihn fürchtete, auch nicht. Ich ging in den Flur, sein Jackett hing auf dem Holzbügel an der Wand. Ich schob meine Hand in die Tasche, nahm eine Zigarette und das Feuerzeug heraus, wie an jedem Tag, aber diesmal zündete ich sie in der dunklen Stille des Flures mit der reifen, gebieterischen Geste an, die ich bei den richtigen Männern beobachtet hatte, und zog das erste Mal an einer *Unión*. Ich mußte nicht husten und hatte auch nicht das Gefühl zu ersticken. Meine Experimente mit dem Maisbart hatten mich unempfindlich gegen Rauch gemacht. Ich erinnere mich immer noch an diesen ersten Zug, an den herben, trockenen Geschmack des starken Tabaks, die Wärme am Gaumen und an der Kehle, vor allem daran, wie ich den Rauch durch die Nase ausatmete, was für mich damals das Höchste an Erfahrung und Reife war. Ich nahm einen zweiten Zug, betrachtete stolz die blaue Rauchspirale, und dann brachte ich meinem Vater die brennende Zigarette.

Wie immer sagte er nichts, aber ich meinte, eine gewisse Befriedigung in seinem Gesicht zu entdecken, jetzt war er kein einsamer Raucher mehr in der Familie, jetzt teilte er das Laster mit seiner ältesten Tochter. Wir waren gleich geworden. Männer rauchen, um Männer zu werden, und Frauen auch.

Von diesem Tag an mußte ich meinem Vater die Zigarette nach dem Mittag- oder Abendessen immer angezündet bringen. Es wurde zu einem Ritual. Das ist nichts Ungewöhnliches, denn das Leben eines Rauchers ist voller Rituale, ein zusätzlicher Lustgewinn. Alle Raucher sind Fetischisten: Sie haben ihre bevorzugten Marken, sie greifen auf eine bestimmte Weise nach der Zigarette, stecken sie auf eine bestimmte Weise in den Mund, sie haben ihre bevorzugten Feuerzeuge und Aschenbecher, und während sie sprechen oder gestikulieren, folgen sie stets ihrem persönlichen Ritual.

Ich fühlte mich bereit für meine erste richtige Zigarette. Im Grunde war ich das schon seit geraumer Zeit. Es dauerte nicht lange, und ich stibitzte meinem Vater eine Schachtel, um allein im Hof unter freiem Himmel zu rauchen, wenn alle Siesta hielten und mich niemand sehen und tadeln konnte.

Italo Svevo erinnert sich in seinem Roman daran, daß auch er seine erste Zigarette von seinem Vater geklaut hat. Vielleicht gibt es keine bessere Form, mit dem Rauchen anzufangen, indem man den Vater seines Phallus beraubt, wie es ein Psychoanalytiker sagen würde; der Phallus geht vom Vater auf den Sohn über, oder auf die Tochter.

Die kühneren unter uns Frauen vermuten, daß die Initiation in das Rauchen durch den Vater etwas von einem verdrängten Inzest hat. Ich habe viele Frauen kennengelernt, die durch ihren Vater zum Rauchen animiert wurden, wie es die galanten Verführer im Kino mit den Schauspielerinnen taten. Im allgemeinen passiert das bei der ältesten Tochter. Der Vater, der seine Tochter in die Gewohnheit des Rauchens einführt, gibt ihr den Status einer Frau, begehrenswert und verführbar. Und die Tochter spürt, es ist der Vater – der erste Mann in ihrem Leben –, der ihr durch die Einladung zu rauchen den Status einer Frau zuspricht. Ein paar Jahre später versuchte meine vier Jahre jüngere Schwester zu rauchen, wie es mein Vater und ich taten. Die spontane Reaktion meines Vaters war überraschend: Er riß ihr die Zigarette aus dem Mund, gab ihr eine Ohrfeige und verbot ihr zu rauchen. Die Tatsache, daß ich die Erstgeborene war, gab mir ein Recht, das ihr nicht zustand: Nur ich durfte wie mein Vater sein. Sie war dazu bestimmt, schloß ich daraus, wie unsere Mutter zu sein, die nicht rauchte, weil das nicht in seine patriarchalische Auffassung von Familie paßte. Ich, die älteste Tochter, war zufrieden, denn dadurch, daß ich mit dem Vater rauchte (und nicht *gegen* ihn), glaubte ich, der Kastration entkommen zu sein; Mutter und Tochter – die nicht rauchten – teilten in gewissem Sinn das Schicksal, kastriert zu sein: Sie hatten keine Zigarette und dadurch auch keinen Phallus.

Das erste Mal, als ich in Anwesenheit der Familie nach dem Mittagessen rauchte, zur selben Zeit wie mein Vater, begriff ich, daß mein Rang sich verändert hatte. Ich war kein kleines Mädchen mehr, ich war eine Frau. Aber nicht irgendeine Frau, sondern eine begehrte, unabhängige Frau, Herrin ihrer selbst.

Nach der ersten Zigarette habe ich fast vierzig Jahre geraucht. Ich habe in verschiedenen Städten, auf verschiedenen Kontinenten gelebt, wo die Jahreszeiten genau entgegengesetzt sind; ich hatte große und kleine Liebschaften, mußte zweimal ins Exil gehen, einmal nach Paris und einmal nach Barcelona, ich habe mehr als dreißig Bücher geschrieben, die in viele Sprachen übersetzt wurden, zahlreiche Preise bekommen, ich war oft krank, hatte zwei Operationen, eine Lungenentzündung, bin in ein anderes Haus, ein anderes Viertel gezogen, habe Vorträge zu den unterschiedlichsten Themen gehalten, an verschiedenen Universitäten unterrichtet, aber eins ist gleichgeblieben: Ich habe geraucht und geraucht. Mit den stinkenden blonden uruguayischen *Unión* ohne Filter habe ich angefangen, dann ging ich zu den etwas milderen *Richmond* und den *Nevada* über, die *The original american taste* imitierten. In jedem Land habe ich in den unterschiedlichen Phasen meines Lebens fast alle blonden Tabakmarken ausprobiert (bis auf die mit Menthol, die fand ich ekelhaft, weil sie überhaupt nicht mehr richtig nach Tabak schmeckten): *Gauloises*, *Peter Stuyvesant*, *Marlboro*, *Bisonte*, *Lola*, *Fortuna*, *Nobel*, *Camel*, *Chesterfield*, *Winston*, *Viceroy*.

Jeder hartnäckige – also süchtige – Raucher erinnert sich an eine besonders demütigende Situation in seinem Leben, wenn die fehlende Zigarette solche Unruhe in ihm hervorrief, daß er alles getan hätte, um an seine Dosis zu kommen. Wir Raucher haben *alle* schon, ob Frau oder Mann, in einer Winternacht, wenn wir, bedrängt von Schlaflosigkeit und Einsamkeit, das letzte Päckchen aufgeraucht hatten, um drei Uhr morgens in den überquellenden Aschenbecher gegriffen, um aus Kippenresten mit einem halbwegs feinen Papier noch eine Zigarette zu basteln. Und wenn wir so unvorsichtig gewesen waren, in einer Art Befreiungsschlag den Aschenbecher zu leeren, wühlten wir sogar noch im Abfalleimer herum, um die rettenden Kippen zu finden, die nach Essensresten rochen und schmeckten. Ich erinnere mich an eine besonders traurige Nacht in Barcelona, es war im Juni 1973. Ich hatte die ersten Nachrichten von dem Militärputsch in Uruguay gehört (dem ich um ein Haar entkommen war) und versuchte vergeblich, einen ausländischen Radiosender einzustellen, der mir mehr Informationen geben würde. Um drei Uhr morgens rauchte ich die letzte *Bisonte*. Eine halbe Stunde später überkam mich die Unruhe. Ich war allein, in einer Wohnung in der Calle Padre Claret, in der Nähe des San Pablo Krankenhauses. Ich machte aus den Kippen in den Aschenbechern eine Zigarette, aber dadurch wurde mein Verlangen nur noch stärker. Um diese Uhrzeit hatte damals in Barcelona keine Kneipe mehr auf, und ich wurde immer nervöser. Meine Nachbarn rauchten nicht, und ich kannte niemanden in der Nähe, den ich in meiner Not hätte wecken können. Ich ging vergeblich ein ganzes Stück die Calle Padre Claret entlang, aber ich konnte mein Bedürfnis nicht stillen, bis mir einfiel, wenn noch etwas geöffnet hatte, dann das San Pablo Krankenhaus. Und so war es, Krankheiten, Unfälle und der Tod sind eben keinem Stundenplan unterworfen. Ich ging zum Notfalleingang und betrat das große, aus diversen Flügeln bestehende Gebäude. Ich kam schließlich zu einem Wartezimmer mit einem großen Schild »Ruhe bitte«. Ein paar Männer warteten dort (werdende Väter, vermutete ich, ich war wohl, ohne es zu wissen, auf der Geburtsstation gelandet) und rauchten. Und an einer Seite stand ein schnieker glänzender, farbenprächtiger Zigarettenautomat. Das war meine Rettung. Ich atmete erleichtert auf. Die Dosis war gesichert. Jetzt konnte ich in aller Ruhe in meine Wohnung zurückgehen. In Uruguay hatte es einen Staatsstreich gegeben, ich wußte nicht, wie es meiner Familie ging, und es war auch besser, im Moment nicht anzurufen, weil die Telefone bestimmt abgehört wurden, die Mehrzahl meiner Schüler und Freunde war verschwunden, aber ich fühlte mich nicht allein und verlassen in Barcelona: Ich hatte ja meine *Bisontes*.

Gewöhnlich wird man durch Spielkameraden an der Schule in das Rauchen eingeführt. Mario Vargas Llosa beschreibt in einem Artikel in *El País* vom 26. Juli 2000 detailliert sein Leben als Raucher, von den frühen Anfängen bis zur Aufgabe der Sucht. Einen Teil dieser aufschlußreichen Erinnerungen will ich hier wiedergeben.

»Ein Gericht in Miami hat fünf Tabakkonzerne dazu verurteilt, einer halben Million durch Zigaretten körperlich geschädigten Rauchern die astronomische Summe von einhundertfünfundvierzig Milliarden Dollar Schadenersatz zu zahlen. Das

Gericht war der Ansicht, diese Unternehmen hätten eine Straftat begangen, indem sie die Gesundheitsschädigungen durch den Tabak verschwiegen und bei der Herstellung der Zigaretten suchtverstärkende Substanzen verwendet hätten. Seit ich vor dreißig Jahren aufgehört habe zu rauchen, verabscheue ich die Zigaretten und die Hersteller.

Ich war sieben oder acht, als ich anfing zu rauchen. Meine Kusinen Nancy, Gladys und ich investierten unser Taschengeld in eine Schachtel *Viceroy* und rauchten sie unter dem Baum im Garten im Haus in der Calle Ladislao Cabrera. Gladys und ich überlebten, aber die dürre Nancy mußte sich fürchterlich übergeben, und die Großeltern mußten den Arzt holen. Diese erste Raucherfahrung hat mir überhaupt nicht gefallen, aber der Wunsch, endlich groß zu sein, war stärker als der Ekel, und ich rauchte weiter, um älter zu wirken, aber, da bin ich mir sicher, ohne die geringste Lust und im verborgenen. Meine Zeit an der Universität ist von der Zigarette nicht zu trennen, ich rauchte ohne Unterlaß die (ovalen) *Nacional Presidente* aus schwarzem, leicht beißendem Tabak, während ich las, Filme ansah, diskutierte, Herzen eroberte, konspirierte oder zu schreiben versuchte. Den Rauch einzusaugen und diesen als Korkenzieherlocken oder Wölkchen wieder auszustoßen, die sich dann in tanzende Figuren auflösten, war ein großes Glück: Es war Gesellschaft, Halt, Ablenkung, Anreiz. Als ich 1958 nach Europa kam, rauchte ich mindestens ein Päckchen am Tag, und die Dämpfe von einigen Tausend Zigaretten dürften meine Lungen und Bronchien gestreichelt haben.

Die Entdeckung der *Gitanes* in Paris steigerte meine Sucht schlagartig: Sehr bald war ich statt bei zwei bei drei Päckchen am Tag. Ich rauchte den ganzen Tag, direkt nach dem Frühstück fing ich an. Nüchtern konnte ich nicht rauchen, aber nach einem starken Kaffee und einem Croissant gab mir dieser erste intensive Zug das Gefühl, jetzt erst richtig wach zu sein, jetzt hatte der Tag angefangen, es war der erste vitale Impuls, der Organismus war in Gang gekommen. Ich erinnere mich sehr gut, daß die Zigarette in der Hand zu einem unverzichtbaren Requisit jeder noch so banalen oder wichtigen Handlung und Entscheidung in meinem Leben wurde, ob ich einen Brief öffnete, ein Telefongespräch annahm oder bei der Bank einen Kredit beantragte. Ich rauchte zwischen den einzelnen Gängen beim Essen und beim Abendessen, und den letzten Zug nahm ich, wenn der Schlaf mich schon fast übermannt hatte.

In jener Zeit, Mitte der sechziger Jahre, warnte mich ein Arzt, daß die Zigaretten mir ernsthaft schadeten, und wenn ich nicht aufhören könnte, sollte ich wenigstens den Konsum drastisch reduzieren. Bronchienprobleme quälten mich, und in den Pariser Wintern hustete und nieste ich ununterbrochen. Ich kümmerte mich nicht darum, überzeugt, daß ohne Zigaretten mein Leben ärmer würde und ich sogar die Lust am Schreiben verlieren würde.

Aber als ich 1966 nach London übersiedelte, versuchte ich ein feiges Arrangement mit meinem Laster zu treffen: Anstatt der geliebten *Gitanes* rauchte ich die mickrigen, blonden *Player Number* 6, mit Filter, die mir nie wirklich geschmeckt haben. Ich tat das, weil ich abends oder nachts durch die Nikotinvergiftung stechende Schmerzen in der Brust verspürte, die ich nur durch das Trinken eines Glases Milch lindern konnte.

Aber es waren weder die mißhandelten Bronchien noch das Stechen in der Brust, weshalb ich mich dazu entschloß, mit dem Rauchen aufzuhören, sondern ein Arzt aus Pullman, dessen Name, oh menschliche Undankbarkeit, mir entfallen ist ... Er nahm mich mit in das Universitätskrankenhaus und gab mir drei oder vier Stunden lang Anschauungsunterricht zum Thema Zigarette.

Rauchen wirft jeden Organismus aus der Bahn ... Vielleicht hat es mich am meisten beeindruckt, die Unverhältnismäßigkeit von Vergnügen und Gefahr beim Zigarettenrauchen zu sehen ... Trotzdem rauchte ich noch mindestens ein Jahr weiter, ohne den entscheidenden Schritt zu wagen. Aber zermürbt von Angst und schlechtem Gewissen.

Ich hörte 1970 an dem Tag mit dem Rauchen auf, an dem ich London verließ, um nach Barcelona zu gehen. Es war weit weniger schwierig, als ich befürchtet hatte. In den ersten Wochen tat ich nichts anderes, als nicht zu rauchen – das war das einzige, was ich im Kopf hatte –, aber es hat mir sehr geholfen, daß ich vom ersten Moment an wie ein normaler Mensch schlafen konnte, ohne die Hustenanfälle, die mich oft mehrfach in der Nacht aus dem Schlaf gerissen hatten, und frisch aufzuwachen, ohne die frühere Müdigkeit. Es war ausgesprochen unterhaltsam zu entdecken, daß es verschiedene Gerüche im Leben gibt und vor allem auch einen Geschmackssinn.«

Im Rest des Artikels geht es darum, wie Mario Vargas Llosa seinen damaligen guten Freund Gabriel García Márquez zu überzeugen versucht, mit dem Rauchen aufzuhören, was ihm auch sofort gelang. Ich weiß nicht, ob er es auch bei Julio Cortázar probiert hat; jedenfalls ist der mit fünfundsiebzig gestorben, immer noch *Gauloises* rauchend, und das war nicht der Grund für seinen Tod.

Ich hingegen habe fast vierzig Jahre lang geraucht, und damit aufzuhören war ein heroischer Kampf, aber ich habe es geschafft, die Sucht zu überwinden; im Moment lautet mein Leitspruch: »Sag nie, daß du aus dieser Schachtel keine nehmen wirst.«

THE LONG GOODBYE

Am 4. Juni 2000 konnten die zahlreichen Leser der Zeitung *El País* beim Frühstück einen Abschiedsbrief des Schriftstellers Terenci Moix lesen. Der Artikel war wie seine anderen Artikel und Romane: ironisch, witzig und zugleich anklagend, plakativ. Terenci Moix verabschiedete sich nicht vom Ruhm, nicht von der Literatur, nicht von Madrid, wo er so lange lebte, nicht von seiner Geburtsstadt Barcelona, nicht von seiner Liebe Ägypten, nicht von seinem Doppelgänger, dem geliebten und bewunderten Sal Mineo, dem jungen, eines gewaltsamen Todes gestorbenen Schauspieler. Terenci Moix, ein leidenschaftlicher Raucher, verabschiedete sich von der Zigarette. Der Artikel trug den berühmten Reklamen aus Kino und Zeitung parodierenden Titel »Auch ich war ein Opfer der Zigarette«. Mit Genehmigung des Autors möchte ich ihn hier wiedergeben.

»Ich war kurz davor, dank der freundlichen Unterstützung der *Tabacalera Española* zu sterben. Ich kann das deswegen so mit Bestimmtheit sagen, weil ich den nationalen Produkten seit 1957 treu bin. Der heftige Konsum von *Celtas* und *Ducados* gestattet es mir, zu behaupten, daß die Mörder meine Sprache sprechen. Es gibt auch keine Zweifel hinsichtlich der Farbe:

schwarz, pechschwarz, die Farbe der Schuld. Wenn ich im Ausland war, waren es *Gitanes* und *Gauloises*, mit einem spärlichen Beitrag von *Nazionali*, als ich in Rom lebte. Und das in so riesigen Mengen, daß sie den Titel dieses Beitrags im Stil von ›Ich war eine alleinstehende Mutter‹ oder ›Ich war ein jugendlicher Frankenstein‹ rechtfertigen. Oder, um mit dem Kino weiterzumachen: ›Ich heiße Lillian Roth und bin Alkoholikerin.‹ Genau so, ein knallhartes Geständnis ohne jede Beschönigung.

All die auf der Hand liegenden Faktoren außerachtlassend, die alle Schriften gegen den Tabak zurecht betonen, möchte ich mein Recht auf den Rekord in Zigarettenkonsum geltend machen, und, angesichts des bei mir diagnostizierten Lugenemphysems, ins Guinnessbuch der Dummheit kommen. Als ich zu meinem Glück in die Hände von Doktor Dolores Sorribes mit ihrem exzellenten Rauchentwöhnungssystem *Fumafín* fiel, berechneten wir das Ausmaß meines Selbstmordes wie folgt: ungefähr 70 Zigaretten täglich über zwölf Monate, das machte mehr als fünfundzwanzigtausend Zigaretten im Jahr. Das war 1999. Gehen Sie von vierzig Jahren rauchen aus, und dann kommen wir auf mehr als zehn Millionen Zigaretten.

Wir sprechen natürlich von einem Zwang, aber einfacher ausgedrückt, kann ich auch Besessenheit, Delirium oder Wahn sagen. Nur mit solchen Vorstellungen von völligem Außersichsein kann ich die Momente charakterisieren, in denen ich versucht habe, vom Rauchen loszukommen. Und das zu einer Zeit, in der es durch das Emphysem für mich schon um Leben oder Tod ging. Schwindel, hysterische Anfälle, Halluzinationen, Aggressivität waren einige Stufen, die mich unmittelbar in die Verzweiflung führten. Diese Reaktionen zeigten mir, daß fast zwanzig Jahre Zigarettenkonsum nicht ohne Wirkung geblieben waren. Das war nicht gerade eine nützliche Feststellung. Die Erkenntnis, einen Fehler begangen zu haben, und der Wunsch, etwas daran zu ändern, kommen nicht immer gleichzeitig; vor allem wenn die Sucht so trügerisch ist, alles zu rechtfertigen; die Alibis sind vielfältig. Das erste: ›Ich lasse das Rauchen nicht, weil ich nicht will. Und außerdem ist immer noch genügend Zeit, das zu tun.‹

Aber die Zeit vergeht, die Kräfte lassen nach, der Dreck setzt sich weiter in den Lungen fest, am Ende frißt er sie auf, und die Abhängigkeit wächst, bis sie zur Sklaverei wird. Ich sollte eigentlich einsehen, daß ich zu einem Fleischfetzen verkommen bin, aber die *Ducados* sind stärker. Ich gehöre zu der Art Raucher, die aufhören wollen … ohne aufhören zu wollen.

Mit meinem ordnungsgemäß diagnostizierten Emphysem konsumierte ich weiter das Gift und reduzierte damit meine Lebensqualität auf ein Minimum, um nicht zu sagen auf das absolute Nichts. An Entschuldigungen fehlte es nie. Wie sollte ich auch nur eine einzige Seite ohne meine Verbündeten, die Zigaretten, schreiben? Aber die *Ducados* haben mich nicht zu Joyce gemacht. Wie sollte ich Sex haben, ohne danach einen Zug zu nehmen, wie die Heldinnen der *nouvelle vague*? Aber die Gelegenheit bot sich mir auch gar nicht, weil ich dank des Zigarettenkonsums vorzeitig impotent wurde, was sich nicht gerade günstig auf die Paarbeziehung auswirkte. Trotzdem zog ich die *Ducados* dem Liebesakt vor; und am Ende auch der Möglichkeit, ein paar Schritte zu gehen. Es wurde so schlimm, daß ich im letzten Jahr ein Taxi vom Hotel Ritz zum Thyssen Museum nehmen mußte, wo ich einen Vortrag halten sollte. Ich konnte nicht mehr den Paseo del Prado entlanggehen, aber von meinen drei Schachteln *Ducados* konnte mich nicht einmal der steinerne Gott Neptun im Parque del Prado abbringen, der Zeuge dieses Schwachsinns.

Angesichts dieser Umstände konnte ich nicht auf Sätze wie ›Heilige Jungfrau, was für ein Kreuz hast du mir auferlegt!‹ zurückgreifen, das Kreuz hatte ich mir selbst auferlegt, wenn auch nicht ohne fremde Hilfe. Mit sechzehn Jahren kam ich zur Zigarette wie so viele andere, nicht um mich als Macho zu gebärden – Sie werden verstehen, daß mir das immer schnurz war –, sondern um mich gesellschaftlich abzuheben, wie ich es durch die Mode und natürlich die Götter des Kinos gelernt hatte; die Zigarettenhersteller hatten noch nicht diese schlauen Warnungen aufgedruckt, die die Schachteln später zierten, als es zu spät war: ›Rauchen schadet der Gesundheit.‹ Ein frommer Hinweis, aber zweideutig. Zigaretten mögen Teil der vielen Dinge sein, die der Gesundheit in geringerem oder größerem Maße schaden können, aber ich habe nirgendwo, weder in der Reklame oder auf den Schachteln, lesen können, daß Zigaretten *abhängig machen*. Und hier sind wir geschädigten Raucher im Recht, wenn wir mehr Verantwortung fordern und den Zigarettenherstellern kriminelles Verhalten vorwerfen.

Denn es stimmt nicht, was neulich einige Genossen geschrieben haben, daß der Raucher von heute auf morgen aufhören kann; es ist keine Frage des freien Willens. Die Sucht ist die tödliche Falle. Und das in einem Maße, wie ich es bei nichts anderem erlebt habe. Wie viele Leute meiner Generation aus den *blessed sixties* habe ich in vernünftigem Maße Hasch, Opium und auch ein wenig LSD konsumiert. Alles ideale Dinge, um Ravi Shankar zu hören und Quittenpaste zu essen. Warum habe ich den Hasch und alles andere vergessen – Ravi Shankar eingeschlossen –, und warum sind die *Ducados* jahraus, jahrein, Tag für Tag, Minute für Minute an meiner Seite gebelieben? Aus welch mächtiger Materie sind diese Teufelchen gemacht, daß sie mich überzeugten, meine dicksten Freunde zu sein, obwohl sie in Wirklichkeit Nägel zu meinem Sarg waren?

Sie sind mächtiger als jede andere Droge, denn während sie mich zum Süchtigen, Besessenen, Sklaven machten, ließen sie mich glauben, daß sie mir halfen. Aber wobei? Die Probleme, welcher Natur auch immer, waren immer noch da, auch wenn ich sie hinter einem Vorhang aus Rauch versteckte. Mehr noch: Sie schufen ein neues Problem, und das war die Erkenntnis meiner Verantwortungslosigkeit. Wenn ich nicht rauchte, fiel ich in tiefe Verzweiflung, wenn ich rauchte, war ich verzweifelt, weil ich nachgegeben hatte. Und, Ehrenwort, ich habe es mit allen Mitteln versucht: Ratgebern, Akupunktur, elektromagnetischen Wellen, Nikotinpflaster, Tabletten, Plastikzigaretten ... Nur das Wichtigste fehlte: die bewußte Entscheidung, wirklich aufhören zu wollen. Der Mumm, den die *Tabacalera* mir genommen hat.

Währenddessen nahm das Empyhsem seinen Verlauf. Und der Zigarettenkonsum auch. Eine pittoreske beidseitige Lungenentzündung vervollständigte das Bild. Und in der größten Gefahr – noch mehr Zigaretten.

Ich komme an den Anfang zurück: Ich habe dem Tod ins Antlitz geblickt. Er war nicht wie bei Ingmar Bergmann schwarz und auch nicht weiß wie bei Woody Allen. Er war blau, wie ein Päckchen *Ducados*, und jedesmal, wenn sie mir die Adern zerstachen, um Seren oder Sonden oder was weiß ich einzuführen, stellte ich mir vor, sie würden mir eine reinschieben. Schließlich hatte ich vierzig Jahre nichts anderes getan. Bei diesem Ausflug an die Grenzen des Jenseits stellte ich fest, daß es nur eine Möglichkeit gab, diesem Greuel ein Ende zu machen: um jeden Preis aufhören. Man kann zu Hilfsmaßnahmen greifen, aber es muß eine Entscheidung ohne Wenn und Aber sein.

Es ist jetzt drei Monate her, daß ich die Entscheidung getroffen habe, und die sklavische Abhängigkeit von der Zigarette scheint weit weg, wie ein Trugbild, das mich auslöschen wollte. Was mich am meisten erstaunt, ist die Schnelligkeit, mit der ich mich erholt habe, das Ausbleiben von Leiden – die große Angst aller, die aufhören wollen –, das Auslöschen des Nikotins aus dem Leben – wovor auch viele Angst haben – und vor allem das ungeheuer beschwingte Gefühl, das durch die Selbstachtung hervorgerufen wird, die mit jedem Tag größer wird. Diese Zeit nach dem Essen, wo ich doch immer dachte, das wäre der schwerste Moment! Und all diese tausend Sachen, die ich nicht tun konnte, ohne zu rauchen, und die ich jetzt in aller Ruhe mache. Ohne Wehmut, ohne Erinnerungen. Und erst die Feststellung, daß mein Körper in diesen neunzig Tagen mehr als sechstausend Zigaretten nicht geraucht hat. Den Luxus, völlig ungerührt andere um mich herum rauchen zu sehen, denn ich habe nicht vor, andere Raucher zu geißeln oder anderen vorzuschreiben, wie man gesund lebt.

Ich bin sehr stolz auf mich, aber andererseits halte ich mich für einen Idioten, daß ich nicht vorher aufgehört habe. Der schlechte Zustand ist nicht mehr rückgängig zu machen. Was ich auch von jetzt an tue, ich werde stark eingeschränkt sein. Keine Veränderung des Lebensstils wird mir das fehlende Stück Lunge zurückgeben können, und von den Problemen mit den Herzkranzgefäßen und der Sexualität und anderen Segnungen will ich erst gar nicht reden. Meine Willensschwäche hat mich zu einem halben Mann gemacht. Und all das dank der *Tabacalera Española*, die mir meine Mörder im zarten Alter von sechzehn präsentierten, als ich noch nicht in der Lage war, die verschiedenen Verkleidungen des Todes zu erkennen.«

Er tat vielen Rauchern damit einen Gefallen, und doch erlitt der Schriftsteller mehrere Rückfälle. Terenci Moix' Tabaksucht wurde zu einem öffentlichen Ereignis, das seine Leser und Nicht-Leser mit Interesse und Sympathie verfolgten. Vielleicht hat er den Artikel zu früh veröffentlicht (ein Raucher bleibt sein ganzes Leben Raucher, auch wenn er viele Jahre abstinent lebt; die drei Monate Abstinenz, die er hinter sich hatte, als er diesen Artikel schrieb, waren womöglich zu kurz, um zu dem Schluß zu kommen, daß seine Sucht beendet war, obwohl die Veröffentlichung des Artikels in *El País* natürlich für ihn ein weiterer wichtiger Schritt aus der Sucht sein mochte.

Aus Umfragen geht hervor, daß fünfundsiebzig Prozent der Raucher (Männer und Frauen) irgendwann aufhören wollten. Einige haben es versucht und sind gescheitert; andere haben nach vielen Jahren wieder angefangen, weil ein besonderes Ereignis – eine Trennung, der Tod eines geliebten Menschen, Arbeitsprobleme – sie aufgewühlt hat, und manch einer hat es sogar geschafft, die Sucht zu bezwingen: Das sind die Ex-Raucher.

Nachdem ich vierzig Jahre lang eine Schachtel am Tag geraucht hatte, hörte ich auf, und seit damals – das ist jetzt ungefähr fünf Jahre her – bin ich nicht wieder rückfällig geworden, auch wenn ich mich für eine Raucherin halte: Ich mag das Rauchen immer noch, und ich tadele die nicht, die es tun. Jetzt verursacht der Rauch bei mir Allergie (ich denke, früher auch, denn ich leide schon seit vielen Jahren unter Allergien, aber möglicherweise hat der Rauch meiner eigenen Zigaretten wie eine Barriere gegen den fremden gewirkt).

Ich wollte nicht aufhören, nie, im Gegenteil: Ich fand, mein Leben sei hart genug, um mich täglich mit meiner Dosis Nikotin zu entschädigen. Ja, ich keuchte beim Sprechen, ich atmete schwer, aber ich hatte als kleines Mädchen Tuberkulose, und meine Bronchien waren immer schwach (all das wären eigentlich Gründe gewesen, nicht zu rauchen, gar nicht erst anzufangen, wie alle Süchtigen kann ich allem widerstehen, was ich nicht probiert habe, aber wenn ich etwas probiert habe und es hat mir gefallen, fällt es mir schwer, dem wieder zu entsagen; mehr noch, ich bin so suchtgefährdet, daß es mir sogar schwerfällt, Dinge zu lassen, die mir nicht gefallen). Mein Blutdruck war in die Höhe geschossen, ich hatte Herzjagen und Rhythmusstörungen, aber ich ignorierte das, ich wollte nicht mit dem Rauchen aufhören. Ich dachte, die Beklemmung, nicht rauchen zu können, und die von den fehlenden Zigaretten ausgelöste Unruhe wären schlimmer als diese Symptome eines Prozesses, der bereits seinen Lauf genommen hatte. Am Ende, nach der Ischämie, die ich fast nicht überstanden hätte, mußte ich mich zwischen der Zigarette und dem Leben entscheiden. Jetzt, wo es fünf Jahre her ist, daß ich aufgehört habe, sage ich gerne ironisch, daß ich mich für das Leben entschieden habe, aber oft denke ich, ich habe mich geirrt. Ironie ist das erst seit kurzem, anfangs war da ein Gefühl von Bitterkeit, daß das Leben ohne Zigaretten, ohne Rauch, nicht viel wert ist. Jedenfalls war es nicht wert, mit dem Rauchen aufzuhören.

In seinem schon erwähnten Buch *Tage ohne zu rauchen* sagt der Journalist und Schriftsteller Vicente Verdú, das Aufhören bedeute für den Raucher (alle tun es aus gesundheitlichen Gründen, einige, weil sie krank sind, andere, weil sie es nicht werden wollen) symbolisch den Verlust der Jugend. Eine sehr zutreffende Bemerkung, wie ich finde. Wenn das Rauchen der Initiationsakt unserer Jugend war, ist das Aufhören die melancholische Einsicht, daß wir sterblich, daß wir gealtert sind, daß unser Körper nicht mehr der ist, der er einmal war. »Die Zeit, in der ich alles tun konnte, war passé. Kurz, die Jugend war vorbei«, schreibt der Autor in seinem Tagebuch.

Wenn man aufhört zu rauchen, weil uns eine Krankheit bedroht, fehlt der Entscheidung, auf die Zigarette zu verzichten, die der Jugend eigene Komponente des freien Willens. Ich habe nicht aus freien Stücken aufgehört, sondern um nicht noch kränker zu werden oder, schlimmer noch, um mich nicht schuldig für meine Krankheit zu fühlen.

Ich schaffte es aufzuhören, weil ich mich an meiner Ischämie, meiner Bronchitis, meinem Bluthochdruck nicht schuldig fühlen wollte. Das Aufhören war ein ausgesprochen harter Kampf, für den ich fast ein Jahr gebraucht habe, mit verlorenen Schlachten, vorübergehenden Triumphen und allgemeinem Unwohlsein, so stark, daß ich das Leben verachtete, für das ich das Opfer brachte, auf die Zigarette zu verzichten. Während man *dabei ist aufzuhören*, wird die Zigarette zur Obsession. Denn, wie Terenci Moix in seinem Brief schreibt, man hört nicht einfach von heute auf morgen auf. Zumindest nicht, wenn es sich um eine Sucht handelt, was bei den meisten der Fall ist. Vicente Verdú schreibt: »Die Sucht hat immer recht. Sie ist das Glück, die Ruhe, ein unzweifelhaftes Gut. Um so kultiviert menschlicher man ist, um so eher fängt man wieder an zu rauchen.«

Seit die Wissenschaft und die Medizin (das ist nicht dasselbe) verbreitet haben, daß die Zigarette auf lange Sicht für viele Krankheiten verantwortlich sei (unter anderem Lungen-, Blasen-, Kehlkopf- und Lippenkrebs, Emphysem, chronische Bronchitis, Herzgefäßerkrankungen, bestimmte Formen von Bluthochdruck, Abnahme der Libido), werden viele unterstützende Maßnahmen angeboten, weil eben der Wille allein nicht ausreicht. Pflaster, Akupunktur, Diäten, körperliche Bewegung, Atemgymnastik, eine Unmenge von Ratgebern, die verschiedene Methoden propagieren, bis hin zu bestimmten Medikamenten, die manchmal schneller und effektiver zum Tod geführt haben als die Zigarette.

In *Zeno Cosini* von Italo Svevo hegt der Protagonist (der Ähnlichkeit mit der Persönlichkeit des Autors hat) den endlos erneuerten Vorsatz, mit dem Rauchen aufzuhören; in einem neurotischen Konflikt, der nie gelöst wird, raucht er ständig »die letzte Zigarette«. Zeno Cosini ist auf dem laufenden, was die medizinischen Fortschritte und die neue Methode, die Psychoanalyse, angeht. Er konsultiert einen Arzt, der ihm den Rat gibt: »Schreiben Sie nur, schreiben Sie! Sie werden sehen, wie man dazu kommt, sich selber zu erkennen!« Und der Protagonist bemerkt: »Ich glaube, daß ich über das Rauchen ruhig hier an meinem Tisch schreiben kann; daß es dazu nicht erst nötig ist, träumend in einem Klubsessel zu liegen. Nur weiß ich nicht, wie ich beginnen soll, und ich flehe alle Zigaretten, die ich je geraucht habe und die alle der einen gleichen, die ich hier in der Hand halte, um Beistand an.«

Das erste, was ein Raucher, der aufhören will, akzeptieren muß, ist sein neues Bild als kastrierter Mann oder kastrierte Frau. Wenn das Rauchen bei der Initiation in das Laster den Narzißmus verstärkt hat (es verbesserte das Bild vor sich selbst und den anderen, rauchend fühlte er/sie sich männlicher, weiblicher, moderner, unabhängiger, attraktiver, liberaler, mehr sexy), so ist der Verlust eine narzißtische Verletzung. Vicente Verdú bemerkt dazu scharfsinnig: »Meine Abstinenz war mein Gefühlsverlust, meine Reduktion, meine Impotenz. Ich nahm mich selbst als kastriert wahr. Hätte ich eine Zigarette angezündet, wäre ich zu einem fruchtbaren Wesen geworden. So war ich verkürzt.« Ich glaube, das ist einer der erstaunlichsten, widersprüchlichsten und bedeutsamsten Aspekte beim Rauchen: Wenn es ein narzißtisches Attribut ist, dann kann das Aufhören nur das Gegenteil sein – die symbolische Abdankung des Egos. Man muß den Narzißmus auf etwas anderes verlagern, möglicherweise auf den Stolz über die eigene Heldentat, das Rauchen aufgegeben, eine Sucht überwunden zu haben. Aber das ist leichter gesagt als getan. Es dauert lange, und während dieser Zeit gibt es keinen wirksamen Ersatz für die Lust am Rauchen. Das ist das zweite Problem, wenn man aufhören will: Man muß sich an ein Leben gewöhnen, in dem es keinen direkten Lustgewinn mehr gibt. Manch einer hat es mit Bonbons, viel Wasser trinken, an Mentholmundstücken saugen oder Kaugummikauen probiert, und eine Zeitlang können diese Ersatzhandlungen die Unruhe lindern, aber sie sind nie *die Zigarette*, und so landen die Dinge nicht selten im Papierkorb, und der Raucher oder die Raucherin zünden sich wieder eine echte Zigarette an.

Der Rat des Arztes an Zeno ist sinnvoll: Man muß über das Aufhören schreiben, um sich zu trösten, um überhaupt aufhören zu können. Aufzuschreiben, was man fühlt und denkt, während man unter dem Entzugssyndrom leidet, schafft einen intimen, vor den anderen Menschen geschützten Raum (geschützt vor denen, die immer noch schamlos rauchen, oder denen, die das nie getan haben), der zu dem berühmten »Zimmer für sich allein« wird, von dem Virginia Woolf spricht. Das Buch von Vicente Verdú ist ein großartiges Beispiel. Er schreibt:

»Der Raucher ist nicht nur Raucher, weil er täglich zwanzig oder dreißig Zigaretten raucht, sondern weil er in einer biologischen Verbindung lebt. Zigaretten sind für den Süchtigen ein subjektives und kein objektives Faktum. Sie sind ein Ventil, über das er mit seinem gefühlsmäßigen Gleichgewicht, seiner Arbeit, seiner Sexualität, seinen Zweifeln in Verbindung tritt. Die Zigarette ist ein Vermittler nach außen und nach innen. Fehlt sie, hat das Individuum, der frühere Raucher, den Eindruck gegenüber allen und allem verwundbarer zu sein. Er fühlt sich waffenlos ausgeliefert. Entblößt. Die Zigarette ist Hülle, Kleid oder Kostüm. Sie hat die Funktion einer Verkleidung und eines Schleiers, und fallen sie weg, ist auch der Vermittler verschwunden, mit dem man die Distanz bemaß, Intensität und Risiko abwog … Wenn der Raucher aufhört zu rauchen, merkt er, er muß alles, was ihm passiert, allein durchleben, in direkter Beziehung mit dem Ereignis … Es ist vorbei mit der Kollaboration der Zigarette und ihrer Rhetorik.«

Wie ich am Anfang bereits gesagt habe: In der Abstinenzphase glaubt der Raucher, einen unwiederbringlichen Gefährten verloren zu haben, seine Einsamkeit verstärkt sich, er hat ein Gefühl von Verlust und Hilflosigkeit. Ich zitiere noch einmal Vicente Verdú: »Wenn man eine Sucht hat, hat man Gesellschaft. Wenn man eine Gewohnheit aufgibt, ist man obdachlos, den Unbilden der Witterung ausgesetzt.«

Und doch beweist uns die Wissenschaft, daß unser Körper in Wirklichkeit den Unbilden der Witterung ausgesetzt ist, wenn wir rauchen.

Die Herstellung der Zigaretten hat im Verlauf des neunzehnten und besonders im zwanzigsten Jahrhundert eine der reichsten, mächtigsten Industrien der Welt hervorgebracht. Das Europäische Parlament schätzt, daß die Abhängigkeit von Nikotin und Teer mehr als fünfhunderttausend Opfer jährlich fordert. Der Hauptvorwurf lautet, daß die Zigarettenindustrie viele Jahre lang die Angaben über die Zusammensetzung der Zigaretten gefälscht und die wissenschaftlichen Berichte zurückgehalten hat, die ihre negative Wirkung auf die Gesundheit des Rauchers aufzeigten, insbesondere das Suchtpotential. Aus derselben Quelle geht hervor, daß blondem Tabak mehr als sechshundert suchtverstärkende Stoffe zugesetzt werden. Die letzten Forschungen haben die Zusammensetzung des Rauchs ermittelt. Sie sieht wie folgt aus:

Gruppe	*Bestandteil*	*Menge*
Alkaloide	Nikotin	0,1–2,5 mg
	Cotinin	9–57 mg
	Nor-nicotin	30–80 mg
	Myosmin	9 mg
	2-3-Bipiridil	7–27 mg
	Anabasin	3–123 mg
	Anatabin	3–14 mg

Gruppe	*Bestandteil*	*Menge*
Gase	CO	16,2 mg
	CO_2	68,1 mg
	Stickoxyd	350 mg
	Blausäure	100 mg
Kohlenwasserstoffe	C_2O_6	2,5 mg
	Riechstoffe	317–442 mg
Metalle	Cu	190 mg
	Cd	120 mg
	Hg	4 mg
	Ni	80 mg

Diese Zusammensetzung zeigt, daß der Zigarettenrauch in extremem Maße luftverschmutzend ist, aber man darf nicht vergessen, daß wir in einer Umwelt leben, in der die Werte für Gas, Kohlenwasserstoffe und krebsauslösende Metalle sowieso hoch sind. Schornsteine, Heizungen, Autos und Industrieschadstoffe sind weit verbreitet und sehr umweltschädlich, und es gibt keine verläßlichen Statistiken, in denen die durch sie Gestorbenen festgehalten werden, weil die Kontrolle unzureichend ist. Die Sanierung der vergifteten Themse zum Beispiel kam sehr spät, Elternverbände haben einen bis jetzt wirkungslosen Kampf gegen die Kraftwerke aufgenommen, die verschiedene Krebsformen bei Kindern auslösen sollen, und der

Gebrauch des Mobiltelefons hat sich unaufhaltsam immer weiter verbreitet, obwohl viele Benutzer über Kopfschmerzen, Bluthochdruck und Herzklopfen klagen. Der Journalist Joaquín Vidal schrieb im März 2001 in *El País*: »Es gibt einen Konsens zwischen Rauchern und Nicht-Rauchern; denen, die nie geraucht und die aufgehört haben: Rauchen schadet der Gesundheit. Viele Ärzte sehen im Zigarettenkonsum die Ursache für die meisten Krankheiten, egal ob der Patient Raucher ist oder nicht, denn wenn er selbst nicht raucht, macht der Rauch der anderen ihn zum Passivraucher.« Diese Tendenz ist eigenartig, denn neue Statistiken belegen, daß Ärzte und Krankenschwestern die Berufsgruppen sind, in denen am meisten geraucht wird. Moncho Alpuente, ein bekannter Journalist und Humorist, veröffentlichte 1988 beim Madrider Verlag Arnao ein provokatives Buch zugunsten der Zigarette mit dem Titel: *Nur für Raucher*. Er hat es seinem Großvater gewidmet, »der mir zeigte, daß Ideale(s) nicht nur gedreht, sondern auch verdreht werden« (*Ideales* hieß vor vielen Jahren eine bekannte Zigarettenmarke). Im Prolog heißt es:

»Den Nichtrauchern ist, angeheizt durch die Kampagnen der Behörden, unterstützt durch das solidarische Gesundheitssystem und die neuen heiligen Texte, die Statistiken, das Thema Rauch zu Kopfe gestiegen; sie haben sich einem Kreuzzug verschrieben, der wie alle Kreuzzüge die Intoleranz auf seine Fahnen und Gewalt auf seine Standarte schreibt. Die Göttin Gesundheit hat die Göttin Vernunft ersetzt, und die Priester im weißen Kittel mit dem Skalpell in der Hand, die jeden Tag in ihren tadellosen Operationssälen aseptische Menschenopfer darbringen, sind zu den Fahnenträgern des neuen Kultes geworden. Raucher und Nichtraucher haben bis jetzt in Frieden und

Harmonie gelebt, aber der Antizigarettenkreuzzug hat sie zu Feinden gemacht. Jetzt kämpfen Geschwister gegen Geschwister, Kinder gegen Eltern, Kameraden werden zu Rivalen und Freunde zu Feinden.«

Moncho Alpuente gehörte zu einer kleinen Organisation zur Verteidigung der Raucher, die wenig Erfolg hatte; sogar die hartnäckigen Raucher, die es nicht lassen wollen, fühlen sich schuldig, schämen sich fast.

Die große Antizigarettenkampagne in den Ländern der Ersten Welt hat es nach fünfzehn Jahren geschafft, daß sich das traditionelle verführerische Bild des Rauchers oder der Raucherin ins Gegenteil gekehrt hat: Der Raucher ist immer schuld, vor sich selbst (jedwede Krankheit, die er hat, wird auf die Zigarette geschoben) und vor den anderen, als wäre der aus seiner Nase ausgeatmete Rauch das gefährlichste und tückischste aller Gifte, und wer in der Öffentlichkeit raucht, ist nicht nur das Opfer eines Lasters, sondern der Henker der anderen. Moncho Alpuente hingegen weiß, daß das Rauchen uns den anderen näherbringt: »Wir sind keine Apostel, wir wollen niemanden davon überzeugen, mit dem Rauchen anzufangen oder wieder anzufangen, und natürlich grenzen wir auch niemanden aus, weil er unsere Gewohnheit nicht teilt. Wir glauben, daß das Rauchen die Kommunikation und den Dialog fördert, es hilft beim Denken und entspannt bei Nervosität.« Der erste Text in dem Buch ist eine witzige und anrührende Geschichte von einer Reisegruppe, die sich in einem Zugwaggon für Raucher verschanzt hat und konsterniert feststellt, daß es an der Bar keine Zigaretten zu kaufen gibt. Die Solidarität und Kameradschaft, die sich zwischen ihnen entwickelt, um die lange Fahrt mit dem geringen Zigarettenvorrat zu überstehen, ist ein Plädoyer für Freundschaft und Großherzigkeit. Nie hält der Zug lang genug, daß die Raucher aussteigen könnten, um Zigaretten zu kaufen, und sehr bald kommt es zu Entzugserscheinungen. Hier ein Ausschnitt: »Um acht Uhr abends rettet Humberto ein paar Kippen aus dem gemeinsamen Aschenbecher, um die Entzugserscheinungen zu lindern, und Minuten später wagt sich Mamen, die mit den braunen Schenkeln, hinaus auf den Gang und kehrt mit einer Zigarette zurück, die wir gierig teilen.«

Der zweite Text trägt den Titel: »Sauberer, gesünder, dümmer« und beginnt mit einer apokalyptischen Beschreibung des Jahres 2000:

»Der Jugendliche des Jahres 2000 nimmt wenigstens einmal im Monat an einem der vielen Volksmarathons teil; er ernährt sich von Kleie, Hafer und anderem Naturfutter; er trinkt Fruchtsäfte und Milchprodukte; er trabt leichtfüßig zu seiner Ausbildungsstätte oder seinem Arbeitsplatz; er ist monogam, Abstinenzler und Nichtraucher, und seine politischen Ansichten sind moderat und pragmatisch, konservativ-liberal. Er lehnt starke Gefühle und unvorhergesehene Rhythmuswechsel ab; er steht mit beiden Beinen auf dem Boden und zahlt eifrig auf sein Sparbuch ein. Gesundheit und Geld sind seine höchsten Werte; bei der Fortpflanzung bevorzugt er die In-vitro-Fertilisation und gefrorene Embryonen; er ist narzißtisch und innerhalb einer bestimmten Ordnung individualistisch, er liebt die Regel mehr als die Ausnahme; er mißtraut den Rebellen und Propheten, und er verehrt Meinungsumfragen und huldigt den Statistiken.«

Zwölf Jahre nachdem er das geschrieben hat, zeigen die Statistiken jedoch (ich verachte sie genauso wie Moncho Alpuente, aber ich frage mich: Schert sich jemand darum? Die berühmten Irrtümer bei Wahlprognosen und die extremen Schwankungen bei Umfragen überhaupt machen sie nicht unbedingt zu einer verläßlichen Quelle), daß die Jugendlichen in Spanien die Hauptraucher sind, sie fangen immer früher an (die Jungen etwa mit dreizehn und die Mädchen mit vierzehn), und sie halten andere Drogen wie Heroin oder Kokain für weit gefährlicher als das Nikotin. (Die Daten stammen aus einer im Rahmen des Staatlichen Drogenplans von der Regierung im Jahre 2000 durchgeführten Schulumfrage.) Der Gesundheitsminister der früheren sozialistischen Regierung, Julián García Vargas, hingegen hatte noch drastisch formuliert: »Rauchen ist nicht mehr modern.« In der Tat: Modern ist – zumindest für die Mittelschicht zahlreicher Länder der Ersten Welt – die Gesundheit.

Auf der Titelseite von *Nur für Raucher* von Moncho Alpuente prangt das bildschöne, verführerische, verderbte Gesicht von Marlene Dietrich, die dem Betrachter mit einer Zigarette im Mund provozierend zuzwinkert. Genauso herausfordernd wie das Bild der Filmdiva ist die letzte Seite des Buches: die Reproduktion, in Farbe, einer *Fortuna*-Reklame, der »meistverkauften amerikanischen Zigarette«, und am unteren Rand die obligatorische Legende: »Die EG-Gesundheitsminister: Rauchen gefährdet die Gesundheit«.

Alle Berichte zeigen auch einen Rückgang an männlichen Rauchern in Spanien (zwischen zehn und zwanzig Prozent), demgegenüber aber einen entsprechenden Anstieg bei den Frauen. Das heißt, das weibliche Geschlecht, das als letztes mit dem Rauchen angefangen hat, ist auch das letzte, wenn es ums Aufhören geht.

Die Vertriebs- und Werbestrategien der mächtigen multinationalen Tabakkonzerne wurden lange Zeit unter Verschluß gehalten, aber die radikale Kampagne in den USA hat viele Gesellschaften vor Gericht gebracht und in mehreren Fällen erreicht, daß sie krank gewordenen Rauchern oder ihren Hinterbliebenen eine Entschädigung zahlen mußten.

Das Verhältnis von Ursache und Wirkung zwischen Tabakkonsum und einigen Krankheiten – chronische Verstopfung der Atemwege, Lungenkrebs, Herzleiden, Blasen-, Mund-, Lippen- oder Kehlkopfkrebs – ist wissenschaftlich bewiesen, aber nicht alle Gesetzgebungen auf der Welt sind dahin gehend harmonisiert worden, die Tabakgesellschaften zu bestrafen, unter anderem, weil die Tabaksteuer viel Geld in die Staatskasse bringt. Aber wenn der Gewinn aus den Verkäufen auch sehr groß ist, so ist es andererseits auch so, daß das staatliche Gesundheitssystem viel Geld zur Behandlung der durch Zigarettenkonsum entstandenen Krankheiten ausgibt.

Das Geschäft ist weit verzweigt: Als die Anti-Zigaretten-Kampagne den Rauchern bewußt gemacht hat, daß sie aufhören müssen, haben dieselben Laboratorien, deren Hauptkunden die Tabakgesellschaften sind, verschiedene Medikamente auf den Markt gebracht, die Wundermittel gegen die Sucht sein sollen. Im Jahr 2001 wurde in Großbritannien der Verdacht geäußert, ein in Spanien unter dem Namen Zyntabac auf den Markt gebrachtes Medikament sei der Auslöser für den Tod von mehr als fünfunddreißig Personen. In England wurde es von dreihundertsechzigtausend Personen eingenommen; eine im *New England Journal of Medicine* veröffentlichte Studie kam zu dem Schluß, daß es gefährliche Nebenwirkungen habe. Die Pille gegen das Rauchen war also alles andere als harmlos, in einigen Fällen sogar weit schlimmer als die Krankheit, die damit geheilt werden sollte.

Die Laboratorien, die jedes Produkt herstellen, was der Markt verlangt, haben beschlossen, die Goldader der um ihre Gesundheit besorgten Tabaksüchtigen auszubeuten. Unterdessen nehmen die Regierungen der westlichen Länder den Rauchern ihre Räume. Die Raucherzonen werden immer kleiner, und in manchen Fällen, wie bei den Flügen, ist das Rauchen sowohl auf den Kurzstrecken wie auf Langstrecken ganz verboten. Das Europäische Parlament hat eine Reihe sehr strenger Normen für die Tabakgesellschaften erlassen: Seit 2003 darf auf den Schachteln nicht mehr die Bezeichnung »light«, »mild« oder »ultralight« stehen. Des weiteren sind Angaben wie »niedriger Teergehalt« oder »niedriger Nikotingehalt« verboten. Die Schachteln sehen anders aus: An einer auffallenden Stelle in klarer Schrift in Fettdruck auf weißem Grund und schwarz eingerahmt stehen die folgenden Texte: »Rauchen tötet«, »Rauchen kann tödlich sein« oder »Rauchen fügt Ihnen und den Menschen in Ihrer Umgebung erheblichen Schaden zu«. Auf der anderen Seite muß auf vierzig Prozent der Fläche eine der folgenden spezifischen Warnungen stehen:

> Rauchen verursacht tödlichen Lungenkrebs.
> Raucher sterben früher.
> Rauchen macht sehr schnell abhängig:
> Fangen Sie gar nicht erst an!
> Rauchen läßt Ihre Haut altern.
> Rauchen in der Schwangerschaft schadet Ihrem Kind.
> Rauchen kann zu einem langsamen
> und schmerzhaften Tod führen.

Rauchen kann die Spermatozoen schädigen
und schränkt die Fruchtbarkeit ein.
Rauchen kann zu Durchblutungsstörungen führen
und verursacht Impotenz.
Ihr Arzt oder Apotheker kann Ihnen dabei helfen,
das Rauchen aufzugeben.
Schützen Sie Kinder –
Lassen Sie sie nicht Ihren Tabakrauch einatmen!
Rauchen führt zu Verstopfung der Arterien
und verursacht Herzinfarkte und Schlaganfälle.
Rauch enthält Benzol, Nitrosamine, Formaldehyd
und Blausäure.
Wer das Rauchen aufgibt, verringert das Risiko
tödlicher Herz- und Lungenerkrankungen.
Hier finden Sie Hilfe, wenn Sie das Rauchen aufgeben
möchten: Befragen Sie Ihren Arzt oder Apotheker.

Aber nicht nur die Schachteln sehen inzwischen anders aus: Das Europäische Parlament hat festgelegt, daß von 2004 an jede Zigarette nicht mehr als 1 mg Nikotin, 10 mg Teer und 10 mg Kohlenmonoxid enthalten darf. Und die Mengenangaben sind deutlich lesbar, weil sie zehn Prozent der Fläche einnehmen müssen.

Trotz all dieser Maßnahmen ist die WHO nicht sehr optimistisch, was den Rückgang des Rauchens angeht.

Wie haben die Tabakgesellschaften auf diese von den Vereinigten Staaten aus vorangetriebene Kampagne reagiert, die beim Europäischen Parlament auf ein so großes Echo gestoßen ist? Im Juni des Jahres 2002 hat eine von der University of California in San Francisco durchgeführte, im *Journal of the American Medical Association* (JAMA) erschienene Studie den starken Druck enthüllt, den die Tabakkonzerne auf die Unternehmen ausüben, die Entwöhnungsprodukte herstellen, wie Kaugummi oder Nikotinpflaster. In einem internen Dokument von Philipp Morris über den Nikotinkaugummi Nicorette heißt es: »Als Kunden der Hersteller von chemischen Landwirtschaftsprodukten und Pestiziden für Tabakplantagen haben wir wenig Einfluß auf die Bewerbung von Nicorette. Aber wir werden noch weniger Einfluß haben, wenn wir dort nicht mehr kaufen.« Der Bericht ist aus dem Jahr 1982. Damals kaufte Philip Morris bei Dow Chemical jährlich für acht Millionen Dollar Zusatzstoffe. Dieses Unternehmen, das Nicorette herstellte, brachte eine Zeitschrift namens *Smoking Cessation Newsletter* auf den Markt, die sich an die Ärzte richtete, die ihren Patienten helfen wollten. Die Zeitschrift, die Statistiken über die durch Tabak verursachten Todesfälle enthielt, erschien nur ein einziges Mal. Philip Morris drohte dem Unternehmen, seine Produkte nicht mehr zu kaufen. Die Interessenkonflikte sind von solcher Komplexität, daß die Tabakgesellschaften in den Vereinigten Staaten es manchmal vorgezogen haben, den Rauchern oder ihren Erben Schadenersatz zu zahlen. In Spanien hingegen wurden die drei Verfahren von den Gesellschaften gewonnen. Kürzlich hat der Präsident der Junta de Andalucía, Manuel Chaves, die Tabakgesellschaften wegen der Kosten, die sie dem andalusischen Gesundheitssystem verursachen, verklagt.

Cáceres ist die Zone der Iberischen Halbinsel, wo derzeit der meiste Tabak angebaut und verarbeitet wird; die Produktion ist beschränkt worden, aber in den letzten Jahren werden auch Experimente durchgeführt, um ökologischen, weniger gesundheitsschädlichen Tabak anzubauen. Das scheint das nächste Ziel der Tabakindustrie zu sein: weniger schädliche, weniger süchtig machende Zigaretten herzustellen, denn »ökologisch« ist das Zauberwort für die Zukunft der Ersten Welt.

Seit 1988 ist in Spanien in Taxis, in Firmen, wo eine Schwangere arbeitet, in Kindertagesstätten, Schulen und Universitäten, in öffentlichen Verwaltungsgebäuden, an Orten, wo Lebensmittel hergestellt werden, in Lesesälen, Ausstellungsräumen, geschlossenen Geschäftsräumen, bei öffentlichen oder sportlichen Veranstaltungen und in Aufzügen das Rauchen verboten. Man darf auch nicht in öffentlichen Verkehrsmitteln rauchen. Das nächste Ziel ist es zu erreichen, daß während der Arbeitszeit nicht geraucht wird, denn dieses Verbot hat sich als hilfreich für den Raucher erwiesen, von seiner Sucht loszukommen; außerdem spart es den Unternehmen Zeit. Ach, und ich erinnere mich wehmütig an ein Konzert in Notre Dame im Jahr 1974, als ich mit meinen französischen Freundinnen eine Schachtel *Gitanes* in der Kirche rauchte, während wir Bach hörten!

DIE KUNST DES VERLUSTS

Als ich mit dem Rauchen aufhören mußte, hatte Vicente Verdú sein Buch noch nicht veröffentlicht, und ich dachte auch nicht an den Rat des Arztes an Zeno, »Schreiben Sie!«, aber inmitten meiner Depression fing ich an, ein Heft mit einem einzigen, mich obsessiv beherrschenden Thema zu füllen: der Nikotinabstinenz. Ich hätte über kein anderes Thema schreiben können. Wenn das Rauchen selbst eine Obsession ist, wird das Aufhören zur neuen schmerzlichen Obsession.

Wie alle Raucher, die aufhören wollen, führte ich minutiös Buch über die Tage und Stunden ohne Zigaretten (die Journalistin und Schriftstellerin Maruja Torres, die sich auch dazu entschloß aufzuhören, pflegt in ihren Artikeln die Monate und die Tage ihrer Abstinenz festzuhalten). Obwohl mir diese Rechnerei jetzt lächerlich vorkommt, damals war es notwendig, unverzichtbar: Jede Minute, jede Stunde, jede Woche, jeder Monat, ohne zu rauchen, war eine kühne Anstrengung, ein Sieg über das Verlangen, den Zwang, es zu tun. Die glücklichen Tage vergehen schnell, die Stunden fliegen davon, wir verlieren das Zeitgefühl, aber wenn wir Schmerzen haben, Leid erfahren, dann zieht sich die Zeit, sie wird träge, die Stunden wollen nicht vergehen. Wir warten nur darauf, daß der Schmerz weniger wird, nachläßt. Wer dabei ist aufzuhören, tut nur eins: Er wartet auf den Tag, an dem er sich nicht mehr danach sehnt zu rauchen. Sich von der Zigarette zu lösen ist wie die Trennung in einer Liebesbeziehung.

Ich habe eine schmerzliche Erinnerung an diese Zeit, ich will gar nicht mehr daran denken, aber ich habe einige Notizen, die ich damals gemacht habe, und die waren die einzig mögliche Therapie für mich: Ich mußte mir den Prozesses vollkommen bewußt machen, um von der Zigarette loszukommen.

Mit dem Rauchen aufzuhören ist, als säße man im Gefängnis: eingeschlossen mit einem einzigen Spielzeug (mit dem Rauchen aufhören) führt man eine Strichliste über die noch verbleibenden Tage. Aber der Gefangene führt Buch über die Tage bis zu seiner Entlassung, die er herbeisehnt und von der er träumt. Der Raucher hingegen zählt umgekehrt die vergangenen Tage. Manchmal fügt er die Stunden und Minuten hinzu. »Ich habe jetzt vier Tage und zwölf Stunden nicht geraucht«, sagt er jedem, der es hören will oder auch nicht. Aber am Ende der Rechnung steht keine Erlösung. Es gibt keine Frist. Man zählt die Tage ohne Zigaretten nicht, damit man wieder anfangen kann, sondern für eine Zukunft, in der man nicht mehr raucht. Also bezeugt das Zählen nur einen Mangel, einen Verzicht. Es gibt keine Belohnung am Ende, außer, daß man seiner Gesundheit etwas Gutes tut.

Gestern war ich bei meiner Gynäkologin. Sie ist zwei Jahre jünger als ich und will auch unbedingt aufhören. Weil es ihr so schwerfällt, hat sie eine positive Bilanz gezogen. Sie sagte zu mir: »Ich habe fünfzehn Jahre geraucht, von meinem dreißigsten bis zu meinem fünfundvierzigsten Lebensjahr. Wenn ich zwanzig Jahre aufhöre, bis ich fünfundsiebzig bin, kann ich wieder anfangen, denn dann sind meine Lungen und Bronchien sauber, also kann ich wieder rauchen wie in früheren Zeiten.« Ich fand das eine kluge Methode, denn was den Raucher zur Verzweiflung bringt, ist nicht allein die Tatsache, daß er heute nicht raucht, sondern morgen auch nicht, und übermorgen auch nicht; es ist das Wissen, daß es in seiner Zukunft NIE MEHR Zigaretten geben wird. Ich fühlte mich von ihr verstanden – man kann das unmöglich mit jemandem teilen, der nicht dasselbe durchmacht –, aber ihr Trost nutzt mir nichts. Ich will nicht in zwanzig Jahren anfangen, ich will JETZT rauchen. Und auch in zwanzig Jahren.

Wenn ich es schaffe aufzuhören, wird mein Leben möglicherweise gesünder sein. Ich werde besser atmen, ich werde die Treppen, ohne zu keuchen, hinaufgehen, mein Bluthochdruck wird sinken. Aber mein Leben wird auch trauriger, resignierter sein.

Ich zähle die Tage ohne Zigarette, wie ich die Tage unserer Trennung gezählt habe. Um acht Uhr morgens mit der Lust auf eine Zigarette aufzuwachen und bis um zwölf durchzuhalten, ohne eine zu rauchen, fällt mir so schwer, wie zu wissen, daß die Stunden dieses Tages vergehen werden, ohne dich zu sehen, ohne deine Stimme zu hören, ohne deine Haut zu berühren. Deine Abwesenheit löst einen »Affen« in mir aus, wie die fehlende Zigarette. In den optimistischsten Momenten denke ich, daß es besser ist, beide Süchte zur gleichen Zeit aufzugeben: Wenn ich leide, weiß ich nicht, ob ich dich vermisse oder die Zigarette, oder beides. (Beides: Wir rauchten zur selben Zeit, es erschien uns unverzeihlich egoistisch, eine Zigarette allein anzuzünden.) An deiner Seite hätte ich niemals aufhören können, wenn Zigaretten töten, wollte ich mit dir sterben.

Ich vermisse nicht nur die Zigaretten, die ich heute nicht geraucht habe. Ich vermisse auch die, die ich morgen nicht rauchen werde. Ich vermisse ein Leben, in dem sich die Frage nach dem Rauchen nicht stellt.

Raucher und Nichtraucher gehören nicht zur selben Spezies: Sie unterscheiden sich in ihrer Art und Phantasie. Man braucht sich nur die Gleichgültigkeit der Nichtraucher gegenüber denen anzuschauen, die gerade mitten in der Entwöhnungsphase sind: Für sie ist es völlig normal nicht zu rauchen. Für den Raucher hingegen, der das Laster aufgeben will, ist das Rauchen normal, und es nicht zu tun unnormal. Ein Nichtraucher hat eine ganz andere Phantasie als ein Raucher. Er kann sich eine Liebesnacht ohne Zigaretten vorstellen, er kann seine Lieblingsmusik – ob es die Arie »Caro nome« oder »As time goes by« aus dem Film Casablanca ist – anhören, ohne ein paar tiefe Züge zu nehmen, oder er kann die Unruhe im Warteraum eines Krankenhauses ohne die Gesellschaft einer Zigarette ertragen. Wir gehören zu unterschiedlichen, unvereinbaren Welten.

Seit ich nicht mehr rauche – seit zweiundzwanzig Tagen –, weiß ich nicht, was ich mit den Händen machen soll, wenn ich nicht schreibe, lese, etwas zu essen mache oder jemanden streichele. Dann merke ich, wie ich unbewußt in die Tasche des Jacketts fasse, wo ich immer die Zigarettenschachtel hatte, oder ich tue so, als ob ich eine Zigarette in der Hand hätte. Als ich anfangs diese mechanischen Gesten ausführte, fühlte ich mich ein wenig lächerlich. »Du Dummerchen«, sagte ich zu mir selbst, »erinnerst du dich nicht, daß du keine Raucherin mehr bist?«, bis ich merkte, daß sie notwendig waren. Man trennt sich nicht von heute auf morgen, ohne Übergang, von jemandem, mit dem man vierzig Jahre seines Lebens verbracht hat, es sei denn durch Tod, in diesem Fall ist der

Schmerz noch stärker. Einige der Gesten zu bewahren, die ich machte, als ich noch rauchte, erinnert mich noch lebendiger an die fehlende Zigarette, aber es tröstet mich, weil es mich daran erinnert, wer ich war, als ich rauchte.

Wie bei fast allen Trennungen stellte auch das Aufgeben des Rauchens meine Identität in Frage. Ich bin nicht mehr die, die ich war, da ich nicht mehr rauche. Wenn mir das nicht in jedem Moment die Depression in Erinnerung ruft – die wenige Lust am Leben, die fehlende Lust, zu schreiben oder Liebe zu machen –, dann erinnern mich hin und wieder die Bekannten daran, die ich auf der Straße treffe und die überrascht fragen: »Aber warst du nicht eine hartnäckige Raucherin?« Dann muß ich irgendwelche Erklärungen abgeben, und das geht mir auf die Nerven. Und es geht mir noch mehr auf die Nerven, daß sie nicht die immense Anstrengung sehen, die ich auf mich nehme, um mit dem Rauchen aufzuhören.

Siebenundzwanzig Tage und acht Stunden, ohne zu rauchen. Es kommt mir unendlich lang vor. Was habe ich in all der Zeit getan? Ich habe mit dem Rauchen aufgehört. Das ist eine so absorbierende und wenig stimulierende Beschäftigung, die keinen Raum für anderes läßt. Ich muß andere Dinge getan haben, das Übliche: Einkaufen, einen Artikel schreiben, lesen, Musik hören. Aber ich erinnere mich nur daran, daß ich nicht geraucht habe, wie damals, als wir uns trennten, und ich nur daran dachte, daß wir uns getrennt hatten. Außerdem habe ich keine Entschädigung für diese siebenundzwanzig Tage bekommen. Keiner hat mich gelobt, keiner hat mich umarmt, keiner hat mir ein Geschenk gemacht. Ich hätte Lust, das zu feiern, aber dann merke ich plötzlich, daß es eine Falle ist, denn die schönste Art, diese siebenundzwanzig Tage und acht Stunden währende Abstinenz zu feiern, wäre, eine Zigarette zu rauchen.

Heute nacht habe ich wieder davon geträumt zu rauchen. Ich ging durch die Straßen, wie so oft, und spontan griff meine rechte Hand in die Jackentasche und zog die Schachtel *Nobel* heraus. Ich nahm eine Zigarette und zündete sie schnell an. Sofort hatte ich ein ungeheures Gefühl von Glück und Entspannung. Mit welchem Genuß atmete ich den Rauch ein! Er drang in mich ein, überschwemmte mich, wurde Teil meines Körpers, meines Geistes, meines Lebens. Ich wachte urplötzlich auf, wie inmitten von diesen unfreiwilligen Orgasmen, die wir im Schlaf haben. Ich hatte ein so heftiges Verlangen zu rauchen, daß ich beschloß, mich sofort anzuziehen und Zigaretten zu besorgen (seit ich aufgehört habe, habe ich keine mehr im Haus). Es war drei Uhr morgens. Während ich mich anzog, fragte ich mich, wie ich es so lange (fast einen Monat!) ohne Zigaretten ausgehalten hatte. Ich erinnerte mich, daß es in der Nähe ein Hotel mit einem Zigarettenautomaten in der Empfangshalle gab. Aber als ich die Haustür öffnete, überkamen mich Zweifel. Es war das vierte oder fünfte Mal, daß ich aufhörte und einen Rückfall erlitt. Es war immer das gleiche gewesen: Nach einer mehr oder weniger langen Phase der Abstinenz (für einen Raucher ist ein Tag ohne Zigarette so lang wie zwanzig) fing ich wieder an, weil ich vom Rauchen geträumt hatte. »Man träumt von dem, was man begehrt oder wovor man Angst hat«, sagte ich mir. In diesem Fall war die Zigarette das Begehrte und zugleich das Gefürchtete. Ich beschloß, nicht hinunterzugehen, um Zigaretten zu kaufen: »Die Sucht kann bis morgen warten«, sagte ich mir. »Beweis dir wenigstens, daß du bis zum frühen Morgen warten kannst.« Aber ich konnte nicht mehr einschlafen. Statt dessen schrieb ich die Erfahrung in einem Heft nieder. Ich war unruhig, schlecht gelaunt. Ich wollte nicht schreiben. Ich wollte rauchen.

Heute habe ich einen Spieler getroffen, der mit dem Rauchen aufhören will. »Ich sage mir selbst, daß Rauchen eine Dummheit ist, es ist nichts anderes als Rauch einsaugen«, sagte er, und ich weiß nicht, ob er wirklich davon überzeugt war. Ist Rauchen wirklich nur Rauch einsaugen? Rauchen ist viel mehr: Träumen, Gesellschaft haben, sich nicht allein fühlen, ein gefährliches Leben führen, die Ärzte herausfordern, den Tod, die einzige Bestimmung, annehmen. »Spielen ist eine Dummheit, es ist nur eine Frage des Glücks, und die Bank gewinnt fast immer«, gab ich ihm zur Antwort. Es gab eine Zeit, in der ich selbst stark spielsüchtig war, nur deshalb konnte ich den Roman »Dostojewskis letzte Nacht« schreiben. Nichts bringt mich mehr auf die Palme als ein reumütiger Süchtiger. Beim Rauchen geht es um etwas anderes und beim Spielen auch.

In Montevideo, meiner Geburtsstadt, gibt es nicht diese Tabak- und Briefmarkenläden wie in Spanien. Die Zigaretten werden in den Kneipen, Cafeterias, Restaurants und an Zeitschriftenkiosken verkauft. Bei meiner ersten Rückkehr nach dem Exil ging ich am Schaufenster einer Lotterieagentur vorbei, in dem ein Schild hing mit der Aufschrift: HIER WIRD RAUCH VERKAUFT.

GEWOHNHEITEN

Mit dem Rauchen aufzuhören
war so schwer
so schmerzlich
wie aufzuhören dich zu lieben.

Ich erwache nachts,
voller Erstaunen:
du bist nicht da
und auch nicht die Schachtel
Rauch.
Du lächelst mir nicht zu im Dunkeln
und ich tauche deine Brust nicht mehr
in das Licht der entzündeten *Nobel.*
Dein Mund schenkt mir nicht mehr die Zigarette
wie einen Kuß
Wie das weiße Geschenk des Morgens
deine Achseln
und meine Laken
Riechen nicht mehr
nach blondem Tabak
nach Nikotin.
Bitte mich nicht
die Feuerzeuge zu verschenken
sie werden immer da sein,
stumme Zeugen eines Lasters, das Liebe war.

EINLADUNG

Von weitem beobachte ich ein Mädchen, das raucht.
Los, Kleine, rauch sie, die Welt.
Saug im Flug das unmögliche Verlangen ein
stoße in schwarzen Wölkchen
den Schmerz, die Enttäuschungen aus.
Inhaliere kräftig
inhaliere mit offenen Lungen
alles was es gibt:
das Schlechte vermischt mit dem Guten
Wie sich die Tabakfasern vermischen
das Verlangen und die Ernüchterung
die Liebe und die Kälte.
Inhaliere das Leben in tiefen Zügen
ganz tief in deine Lungen:
Und wenn eines Tages der Bronchospasmus kommt
wissen die Ärzte vielleicht Heilung.

ABSOLUT

Eine Zeitlang
hörte ich auf zu rauchen
Rauch einzusaugen
zu schreiben.
Mein Leben damals
war trauriger.
Aber niemandem tat das leid.

Ich hörte auf zu rauchen
und die Tage
folgten langsam
auf die Nächte
viel zu langsam.

Ich hörte auf zu schreiben
und die Dienstage folgten auf die Montage
es gab Verbrechen
Kriege
Morde
wie an jedem Tag
jeder Woche
jedes Monats
jeden Jahres.
Ich betrachtete die verstreichenden Tage
ohne zu rauchen
ich telefonierte
ohne zu rauchen
ich ging ins Kino

ohne zu rauchen
ich unterhielt mich mit Leuten
ohne zu rauchen
ich hörte auf zu schreiben
ohne zu rauchen.

Jetzt
war ich eine Frau
ohne Halt
ohne Zeuge
ohne Komplize
ohne Erinnerung.
Das Verstreichen der Tage war mir gleichgültig
ich machte keine Randbemerkungen
Ich lebte mechanisch
ohne Feder
ohne Wort
ohne Zigarette.

Und doch ging das Leben seinen gewohnten Gang.

Lebensplan einer ehemaligen Raucherin: Freunde meiden, die rauchen, Kinos meiden, viel Wasser trinken und Unmengen von Bonbons lutschen. Zwanzig Plastikzigaretten mit Menthol in der Apotheke kaufen, und wenn ich einen Anfall von Rauchlust habe, eine davon in den Mund nehmen und einatmen, als wäre es Rauch. Darauf klopfen, als würde man die Asche abschütteln. Mir während dieser Ersatzhandlung nicht lächerlich vorkommen. Darauf achten, daß mich niemand bei diesen kindischen Handlungen beobachtet.

Wenn mich jemand erstaunt fragt, ob ich mit dem Rauchen aufgehört habe, empfinde ich keine Freude dabei, ihm zu sagen, daß ich es versuche, und auch keinen Stolz. Im Gegenteil: Ich empfinde nur Wehmut, weil ich es nicht tun kann. »Du bist noch nicht in der Phase des Narzißmus der Ex-Raucher«, sage ich zu mir. »Im Moment kannst du nur leiden.«

Eine Freundin sagte wohlmeinend, sie könne nicht glauben, daß ein Mensch, der so schwere Zeiten hinter sich hat wie ich – zweimaliges Exil, Verfolgung durch die Militärs, Verbot meiner Bücher, Verlust meiner Wohnung, meiner Stelle, meiner Bücher, meiner Schüler, meines Landes –, so sehr darunter leidet, mit dem Rauchen aufhören zu müssen. Diese Frau hat keine Ahnung vom Leben, dachte ich erzürnt. Den politischen Gefangenen, die man schrecklich gefoltert hatte, reichten die Kameraden eine Zigarette. Sie war das letzte Vergnügen in einem Leben, das man ihnen mit der Picana und Fußtritten Stück für Stück langsam wegnahm.

Alle Psychoanalytiker, die ich kenne, rauchen und machen keine Anstalten, damit aufzuhören. Sie rauchen ohne Gewissensbisse, ohne Schuldgefühl, und das ist zweifellos die beste Art zu rauchen. Ich frage mich, ob sie sich durch Papa Freud geschützt fühlen, der ein großer Raucher war – und dann einen Krebs bekam, der ihn tötete –, oder ob sie den unvermeidlichen Tod akzeptieren, resigniert, als hätten sie nichts mit ihm zu tun und müßten sich keinen Kopf darum machen. Oder vielleicht fühlen sie sich so mehr als Freudianer: Sie haben die Erlaubnis des Vaters.

Ich habe zwei Kilo zugenommen. Das liegt bestimmt daran, daß ich seit fünf Monaten nicht rauche. Es ist die einzige Veränderung, die ich an meinem körperlichen Zustand registriere, und sie ist unangenehm. Das Rauchen ist unmittelbarer Lustgewinn, wenn man aufhört, wird der Lustgewinn in eine fragwürdige Zukunft verschoben, bei der man nicht einmal sicher sein kann, ob man sie noch erlebt: Ich könnte ja von einem Auto überfahren oder durch andere Schadstoffe in der Luft vergiftet werden, die ich nicht näher zu erläutern brauche.

Ich habe wieder davon geträumt zu rauchen. Aber diesmal mit einem deutlich wahrnehmbaren Unterschied: In dem Moment, in dem ich im Traum die Zigarette anzündete, warf ich mir selbst meine Schwäche, meine mangelnde Standhaftigkeit, meinen Rückfall in die Sucht vor. Als ich aufwachte, hatte ich Lust zu rauchen, aber ich fühlte mich stolz, daß ich ihr nicht nachgab. Die Unterdrückung des Verlangens war ins Unterbewußtsein vorgedrungen, wo sie hingelangen muß, um Wirkung zu zeigen.

Um mit dem Rauchen aufzuhören, tat ich das Gegenteil von dem, was ich bei anderen Gelegenheiten getan hatte: Statt die letzte Schachtel in den Mülleimer zu werfen und keine Zigaretten im Haus zu dulden, ließ ich ein offenes Päckchen griffbereit auf dem Tisch liegen. Und wenn ich schlafen ging, legte ich es deutlich sichtbar in meine Nähe. Die schönen weißen Filter boten sich offen meiner Gier dar. Ich stellte fest, daß mein Begehren so nachließ. Ich konnte rauchen, wenn ich wollte, es waren Zigaretten da. Wenn ich schon nicht rauchte, war wenigstens die Schachtel, ihr Anblick, da, um mir Gesellschaft zu leisten. Das beruhigte mich ungemein. Die Zigaretten waren nicht für immer weg, ich rauchte sie nur nicht.

Um mit dem Rauchen aufzuhören, war es für mich sehr wichtig, daß ich nie geraucht hatte, während ich schrieb, denn ich mochte es nicht, wenn die Asche auf die Tastatur fiel, und ich schrieb zu schnell, um zur gleichen Zeit rauchen und schreiben zu können. Wenn ich eine Weile geschrieben hatte, stand ich auf und zündete mir eine Zigarette an, während ich ein wenig umherging oder mich ausruhte. Und wenn ich an den Schreibtisch zurückkehrte, hatte ich sie aufgeraucht. Aber der Liebesakt war so sehr mit dem Rauchen verbunden, daß ich während der ersten Wochen meiner Abstinenz mit niemandem ins Bett ging, ich hatte Angst, der Versuchung nicht widerstehen zu können und wieder anzufangen. Oder noch schlimmer: Ich hatte Angst, das Interesse am Liebesakt verloren zu haben, wenn ich nicht vorher und nachher rauchen konnte.

Sechs Monate, ohne zu rauchen. Ich fange an, stolz auf mich zu sein. Es kommt mir vor, als wäre es schon viel länger her, daß ich nicht rauche, Jahre. Das zeigt, daß ich es immer noch vermisse.

Gestern traf ich mich in Madrid mit einer befreundeten Verlegerin. Wir unterhielten uns in der Empfangshalle des Hotels. Sie holte ein Päckchen Marlboro hervor und bot mir eine an. Mit Bedauern lehnte ich ab. Erstaunt fragte sie, was mit mir los sei. Ich erzählte ihr von der Ischämie und daß ich aufhören müßte. Ich hingegen konnte mich nicht erinnern, daß sie je geraucht hatte. »Ich rauche nur fünf am Tag«, sagte sie, »aber ich denke, ich werde es lassen. Ich mag keine Abhängigkeiten.« Sie ist eine sehr stolze Frau, sehr selbstsicher. Sie will sich nicht abhängig machen. Ich mußte innerlich lachen: Hängt sie vielleicht nicht von der Luft ab, die sie einatmet? Von ihrer Leber, ihrer Bauchspeicheldrüse, ihrem Nervensystem? Von ihrem Ehemann, den sie treu liebt? Von ihrer fünfjährigen Tochter, die sie anbetet? Wer kann ein Leben ohne Abhängigkeiten leben?

Hinter jeder Abhängigkeit verbirgt sich das tiefe Bedürfnis nach Verbundenheit, das war mir immer klar. Es gibt Menschen, die so abhängig sind, daß sie sich unabhängig fühlen. Und die Zigarette ist eine Art Verbundenheit, die von außen kommt und die wir in uns aufnehmen, wenn wir einatmen, wir holen sie über den Mund in unser Leben, wie es die Babys mit der Mutterbrust tun. Die Illusion des Rauchers ist, daß die Zigarette ihn mit den intimen Bereichen seines Lebens, mit seinem tiefsten Inneren verbindet, mit den Gedanken, die er wegen gesellschaftlicher Konventionen, aus Angst, jemanden zu verletzen, aus Respekt oder Anstand nicht äußern kann. Rauchen ist die Verbindung mit dem Ungesagten.

Fast fünf Jahre, ohne zu rauchen. In dieser Zeit habe ich schwierige Momente, Krisen, erlebt, in denen ich die Zigarette mehr denn je gebraucht hätte. Ich steckte die Hand in die Tasche und streichelte die Schachtel, die ich manchmal bei mir trug, ein bescheidener Trost. Aber ich rauchte nicht. Ich widerstand mit einer seltenen Hellsichtigkeit: Wenn ich nachgegeben hätte, weil ich aufgewühlt, nervös, verwirrt, aufgebracht, traurig oder betrübt war, wäre ich eine Raucherin gewesen, die alle Schlachten verloren hatte. Und mit einem Schuldgefühl kann man nicht rauchen. Man raucht, weil man tapfer ist – das heißt, weil man den Tod ohne Schuldgefühle auf sich nimmt –, oder man hört auf, damit die menschliche Konstitution, die Bazillen, das Alter, das vergiftete Wasser oder die mit Schadstoffen belasteten Früchte die Schuld tragen.

NOCH EINMAL: GRAND PALACE CAFÉ

Sigmund Freud schreibt: »Fünfzig Jahre lang haben die Zigarren mir als Schutz und Waffe im Kampf des Lebens gedient.« Ich unterschreibe diesen Satz, wenngleich mit zehn Jahren weniger Raucherfahrung. Es erscheint mir sehr wichtig, daß der Begründer der Psychoanalyse (Hat er sie geschaffen, oder haben die Griechen mit dem Theater und der Katharsis und Sokrates mit seiner Methode, der Mäeutik, sie erfunden?) zwei der Dienste erwähnt, die der Tabak für uns leistet: Schutz (der Rauch verbirgt uns und hüllt uns zugleich verführerisch ein) und Waffe (wir erheben die Zigarette gegen den Feind im Lebenskampf).

Für mich ist die Zigarette zu einem Stück wehmütiger Erinnerung geworden. Rauchspiralen, die Hunderte von Erinnerungen einhüllen, an einen bestimmten Geruch, einen bestimmten Geschmack und an die rituellen Gesten des Rauchens, die untrennbar mit anderen Gesten, anderen Handlungen verbunden sind.

Die Zigarette war mit meinem Leben auf sinnliche Weise verbunden. Die Sinnlichkeit der Rauchspiralen. Ich gefiel mir rauchend und seit ich nicht mehr rauche, gefalle ich mir viel weniger, auch wenn es mir gesundheitlich ein wenig besser geht. Schlimmer noch, ich habe den, sicherlich falschen, Eindruck, daß ich den Leuten weniger gefalle, seit ich aufgehört habe zu rauchen.

Zehn Jahre später war ich tatsächlich dieses einsame Mädchen, das an einem Tisch im Grand Palace rauchte, während ich »Lavorare stanca« von Cesare Pavese las und einen Cappuccino trank. Es war ein träger, regnerischer Abend, und die Straßenlaternen brannten, der rötlich gelbe Lichterschein spiegelte sich auf dem nassen Pflaster. Macadam. Ich wartete auf dich. Wir hatten uns für sechs Uhr an diesem regnerischen Abend im Grand Palace verabredet; damit wir uns erkannten, schlug ich dir vor, daß ich einen Trenchcoat tragen und ein Buch mit Gedichten von Pavese in der Hand haben würde; du bevorzugtest Malcolm Lowry: »Unter dem Vulkan.«

Ich bin unruhig: Ich komme immer zu früh zu Verabredungen. Ich könnte den Gedanken nicht ertragen, daß jemand auf mich warten muß; außerdem, wenn ich früher komme, kann ich das Terrain sondieren, mich an die Farbe der Wände gewöhnen, an die Lichter, die Spiegel. Obwohl ich das Grand Palace gut kannte, die lange Marmortheke, die rotgepolsterten Sitze, das Fenster mit den gelben Leuchtbuchstaben, auf denen der Name des Cafés stand (einer fehlte immer, und ich liebte es, mir vorzustellen, daß das a von Grand klammheimlich verschwunden war und sein Glück in der Welt suchte, oder daß das c von Palace in einen Schacht gefallen war, wo es mit den Ameisen und Eidechsen herumtollte), gab es mir ein gutes Gefühl, ein wenig früher da zu sein, gerade früh genug, um mein Bild einer Frau im cremefarbenen Trenchcoat, die Pavese liest, während sie langsam, genüßlich eine *Richmond* raucht, und die elegante dunkelblaue Schachtel mit einem großen goldenen Tabakblatt in der Mitte betrachtet. Damals waren die Schachteln weich, und die Silberfolie kam beim Öffnen heraus, wie eine Einladung zum Tanz oder zum Rauchen, ich weiß es nicht genau.

Während du dich mir gegenüber hinsetztest und beim Kellner einen starken Cappuccino bestelltest, streckte ich die Hand aus und nahm eine Zigarette, um meine Aufregung zu verbergen. Ich machte es wie immer: Ich klopfte mit dem einen Ende sanft auf die Schachtel, damit die Tabakfasern – damals hatten nur die importierten Filter – sich gleichmäßig verteilten. Diese Geste gab mir Sicherheit, sie beruhigte mich und ließ mich an was weiß ich für starke Dinge denken: Willen, Begehren, Selbstbestätigung. Aus der Manteltasche des hellen Trenchcoats holte ich langsam das Feuerzeug hervor. Es war ein *Zippo* aus den siebziger Jahren: lang, metallisch, stahlfarben. Es glitzerte eine Weile wie eine Perle, dann ertönte das charakteristische Klick, und ich zündete die *Richmond* an. Das *Zippo* gab mir Vertrauen, es hatte etwas Maskulines und zugleich Sinnliches; es ließ mich nie im Stich, es versagte nie. Seine intensive, bläuliche Flamme dehnte sich rasch aus und entzündete alles, was man ihm vorhielt, ob Zigarette oder Papier. Das Klicken des Verschlusses hatte etwas Definitives, Abschließendes, wie ein Händedruck oder die Unterzeichnung eines Paktes. Ich nahm den ersten tiefen Zug, während es noch auf dem Tisch lag. Schnell war ich von Rauch umgeben, er verhinderte, daß ich sprach, er hüllte mich ein, und zwischen den Rauchwolken konnte ich deine tiefdunklen, glänzenden Katzenaugen sehen. Du sahst mich an, und ich sah dich an, aber zwischen uns zirkulierte der Rauch mit seiner warmen Andeutung. Als ich die rechte Hand mit der Zigarette auf den Marmortisch des Grand Palace Cafés legte (ich habe immer mit der rechten geraucht, außer wenn ich aus Krankheitsgründen die linke nehmen mußte), schien es mir, als ob du mit deiner ganz leicht darüber fuhrst. War es nur ein unkontrollierter Reflex, ein Tick, Zufall? Ich ließ die Hand liegen (die Asche bildete einen zittrigen Zylinder, der jeden Moment wegbrechen konnte), und da spürte ich, ja, deine Hand streichelte mich.

Dann sagtest du, du hättest dich in mich verliebt wegen der Art, wie ich rauche.

»Aber du rauchst doch gar nicht«, sagte ich überrascht. (Es war das erste Mal, daß ich mich in jemanden verliebte, der nicht rauchte.)

»Aber mit dir werde ich ein Leben lang rauchen«, antwortetest du. »Ich werde nicht zulassen, daß du dich allein einem Genuß hingibst.«

Du rauchtest nur mit mir. Ich zündete eine Zigarette an und reichte sie dir; du stecktest sie in den Mund, und ich entzündete die andere. Wir sahen uns an und rauchten; wir unterhielten uns und rauchten; wir streichelten uns und rauchten; wir liebten uns und rauchten. Den Rest des Tages machtest du das nicht. Ich hingegen rauchte auch allein.

Es dauerte zehn Jahre – schätzungsweise zwanzigtausend geteilte Zigaretten –, und als wir uns eine Zeit danach wiedersahen, zündetest du zu meiner Überraschung eine Zigarette an.

»Aber du hast doch gar nicht geraucht«, sagte ich.

»Ich habe viele schöne Erinnerungen«, gabst du mir zur Antwort. »Aber die schönste ist die an die geteilten Zigaretten. Ich bin süchtig geworden, zu Anfang, weil ich dich vermißte und das Rauchen die Erinnerung an dich wachrief, und dann, weil es mir Gesellschaft leistete.«

In den Rauchspiralen kreisen unsere Gefühle, unsere Sehnsüchte, dachte ich.

Ich werde nie eine reumütige Raucherin sein. Ich habe aufgehört zu rauchen, aber ich habe meine Sympathien für die Zigarette behalten. Sie hat mir zuviel Vergnügen geschenkt, um sie zu verabscheuen, und von allen Fehlern kann ich Undankbarkeit am wenigsten ertragen. Kann sein, daß die Zigarette auf lange Sicht tötet. Aber auf kurze Sicht ist sie ein Reiz, der seinesgleichen sucht. Auch das Leben tötet, immer, und doch lieben wir es, hin und wieder.

CRISTINA PERI ROSSI,

geboren 1941 in Montevideo, ging 1972 nach Spanien ins Exil und lebt heute in Barcelona. Sie hat Romane und Erzählungen veröffentlicht, von denen mehrere auch ins Deutsche übersetzt wurden, und sie ist eine der bekanntesten zeitgenössischen Lyrikerinnen Lateinamerikas.

In diesem Jahr wurde sie mit dem bedeutendsten spanischen Lyrikpreis, dem »Premio Rafael Alberti«, ausgezeichnet.

Die Originalausgabe erschien 2003 unter dem Titel
Cuando fumar era un placer bei Editorial Lumen in Barcelona.

Für den Umschlag und die Umschlagrückseite wurden
jeweils eine Fotografie von Marlene Dietrich
(Don English, 1931, und Eugene Robert Richee, 1933)
verwendet.

Frontispiz: Rita Hayworth in dem Film *Gilda*.

Ausstattung und Gestaltung
Groothuis, Lohfert, Consorten | glcons.de
Gesetzt aus der Joanna und Akzidenz Grotesk.
Druck und Bindung
Clausen & Bosse, Leck
Printed in Germany.
ISBN 3-937834-01-X